T3-BWQ-470

Other fun and informative products

from Tyndale House:

101 Fun Bible Crosswords

The Complete Book of Bible Trivia

Willmington's Book of Bible Lists

Humor Is Tremendous

People and Places in the Book Game

101 Fun BIBLE WORD SEARCHES

Living Books®
Tyndale House Publishers, Inc.
Wheaton, Illinois

Living Books is a registered trademark of
Tyndale House Publishers, Inc.

ISBN 0-8423-0975-6
Copyright 1989 by Tyndale House Publishers, Inc.
Printed in the United States of America

3   4   5   6   7   8   9   10   95   94   93   92   91   90

INSTRUCTIONS FOR SOLVING 101 FUN BIBLE WORD SEARCHES

All of the puzzles are based on Bible passages or Bible topics.

For each puzzle, the words in the word list are hidden in the maze of letters. A word may be spelled forward, backward, up down, or diagonally. It is always spelled in a straight line: the spelling of a word never changes directions in the maze. Letters are never skipped over; the spelling of a word is continuous. Some letters in the maze are used in more than one word, and some are not used at all.

When you locate a word from the word list in the letter maze, draw a loop around it in the maze and cross off the word in the word list.

A few puzzles have been made more challenging. The word list has been omitted, and only the first letter of each clue has been given. In these puzzles, the title of the puzzle and your knowledge of the Bible may be your only way to solving the puzzle successfully.

Have fun puzzling with 101 Fun Bible Word Searches!

CONTENTS

PUZZLES

WORD LIST

ANDREW
BARLEY
BREAD
BUY
CHILDREN
DISCIPLES
DISTRIBUTED
DOWN
EAT
EYES
FILLED
FISHES
FIVE
FOLLOW
FOOD
FRAGMENTS
GALILEE
GATHER
GRASS

GREAT
JEWS
LAD
LOAVES
LOST
MEN
MIRACLE
NOTHING
PASSOVER
PHILIP
PROVE
SEA
SIT
SMALL
THANKS
THOUSAND
TWO
WOMEN

FIVE LOAVES
AND TWO FISHES

```
S E V A O L D C Q L P T D O O F S J
E F P A V A H G S F I V E T D R T T
A B O W L I Z L B I E L H P I W N A
E E L I L A G R P L T T Z T S L E E
B Y F D F O E P C R E H S K T D M R
G Y R B J A I A E V F O D S R O G G
W E K W D L R V O O L U D N I W A V
N L S N I I O R L W C S I L B N R F
T R P H M S P L V J N A S W U L F T
S A P M S O O E W E E N C E T L N H
E B E A E W L W L W M D I R E A A A
Y N P F I L L E D S O G P D D M V N
E G N I H T O N N Z W A L N Q S O K
D S S A R G R E H T A G E A I W M S
B R Q D S E H S I F U U S K T Y U B
```

WORD LIST

ARISE
BED
BEHOLD
BELIEVE
BLOOD
CAST OUT
CHEER
COMPASSION
CRYING
DAUGHTER
DEAD
DEVIL
DISEASE
EYES
FAINTED
FAITH
FOLLOWED
FORGIVEN
GALILEE
GARMENT

HEM
JAIRUS
JESUS
LYING
MARVELLED
MERCY
PALSY
POWER
RULER
SAILING
SCORN
SINS
SLEEPETH
SON
SPAKE
TOUCHED
WALK
WHOLE
WORSHIPPED

JESUS HEALS

```
U H T E P E E L S B Y D M Y C D D E
I L R S W A L K L E G E E H N G E C
R F E A Z L F O J N H D E A R A L R
E A L E N C O O I D E E L B D R L Y
W I U S M D A Y L V R N I E P M E I
O N R I E B L S I L H O L H N E V N
P T Z D R G E L T D O S A O R N R G
S E Y E C G N D X O A W G L O T A U
A D Y X Y E S I R A U U E D C V M A
I N E V I G R O F K L T G D S U S T
L P E L O H W B D E P P I H S R O W
I A J A I R U S D E H C U O T I B U
N L Z S P A K E E V E I L E B E N E
G S N O I S S A P M O C K Y P S R S
E Y R M D S U S E J D Q F A I T H H
```

WORD LIST

ABIJAM	JEHOSHAPHAT
AHAZ	JOASH
AHAZIAH	JORAM
AMON	JOSIAH
ASA	JOTHAM
ATHALIAH	MANASSEH
HEZEKIAH	REHOBOAM
JEHOAHAZ	UZZIAH
JEHOIACHIN	ZEDEKIAH
JEHOIAKIM	

RULERS OF THE
SOUTHERN KINGDOM

```
V K H H Z E D E K I A H G S S
Z A H A O H E J H X G D T L J
H E S S A N A M D V O A U H C
N J B X Z R M O M N H I A A J
M Y O Y M M E I H P B I H I E
K I Z T E F H H A V Z A H Z H
K A K T H S D H O Z Z E V A O
H I A A A A S G U B Z A D H I
T S R O I O M E R E O H L A A
A A J R H O A Y K O N A V K C
S B V E S Y H I K W O I M E H
Z I J J Z G A E V A M S U X I
C J S H S H P N J K A O A A N
H A I L A H T A K I Y J N O L
C M S M A R O J C L I U A O P
```

WORD LIST

ANTIOCH	MACEDONIA
ASSOS	MITYLENE
BEREA	PAPHOS
CAUDA	PATARA
CHIOS	PHILIPPI
CILICIA	PUTEOLI
COOS	SAMOS
CORINTH	SAMOTHRACIA
CYPRUS	SIDON
DERBE	SYRACUSE
EPHESUS	TARSUS
GALATIA	TROGYLLIUM
ICONIUM	TYRE
LASEA	

THE JOURNEYS OF PAUL

```
E N E L Y T I M C V O W T D M
A Q S L L A J J W N A A C Q U
N E G O A M L C P R R E A X I
E E R P M X A T H S K T N H L
B P T E P A U C U I Y L T T L
R H P A B H S S E R O R I N Y
E E P S Q L I V E D A S O I G
D S U S S V H L U P O B C R O
I U T O O X S S I V A N H O R
C S E S O Q Y P O P U P I C T
O M O E C R A Y L D P R H A N
N L L D A R T J B L E I B O K
I N I C A I C A R H T O M A S
U D U A Z L S U R P Y C P C T
M S J A I C I L I C C A U D A
E B K C A R A T A P L W W Z R
W A I T A L A G I L A S E A U
A V M C T W W S I D O N X A K
```

WORD LIST

AI	JERICHO
APHEK	JERUSALEM
AZEKAH	LAISH
BETHEL	MEGIDDO
BEZEK	RABBAH
EGLON	RAMAH
GIBEON	REPHIDIM
GOB	SAMARIA
HAZOR	ZAPHON
HORMAH	ZEMARAIM
JAHAZ	

FAMOUS BATTLEFIELDS

```
M I A R A M E Z R G N H C N A
Z D J A H A Z C A C X U G J P
E L K J A I R A M A S I O R H
V A C Q Y G D R A P B L M O E
D I R H A M R O H E W L W Z K
A S Z A P H O N O D S A H A K
Z H R D L A R N H T T X I H X
E O D D I G E M C B E T H E L
K Q U G O B S M I D I H P E R
A E G L O N U I R K E Z E B Y
H M E L A S U R E J C Q C B U
O O H A B B A R J B T Z P G Q
```

WORD LIST

AHIMAN
AKKUB
ASAPH
BEN
BENAIAH
BERECHIAH
ELIAB
ELIPHELIHU
ELKANAH
ETHAN
HEMAN
HOSAH
JAAZIEL

JEDUTHUN
JEHIAH
JEHIEL
JEIEL
MAASEIAH
MATTITHIAH
MIKNEIAH
OBEDEDOM
SHALLUM
TALMON
UNNI
ZECHARIAH

KEEPERS OF THE GATES

```
E Y H I C M J E H I E L X W H M J J
J M O D E D E B O P Q H B A E Y L H
Z L K F H P Q O E P A H I D L E B P
H E M Z O R G L R I A H Y W I N J A
J I Q E Q X I I E I C M N E P G E S
C Z Y C J A R N H E S A J P H F D A
C A W H B I K T R B M X P T E S U S
N A G A S I I E D I E U K K L X T C
A J B R M T B M H N E N A H I H H T
M G E I T H U A A L V K A A H A U A
E C P A I L T H K F K S X I U S N L
H U M H L N T A C U I D B H A O Y M
E X W A H E N B B A P N Z E O H W O
Z K H X H A I E S A A M N J E O K N
Y S D O H V K N Y P X H L U V G J H
```

WORD LIST

ANGELS
BASKETS
CHURCHES
CROWNS
DAYS
DEACONS
KINGS
LOAVES
MEN
MONTHS

NATIONS
PLAGUES
SEALS
SPIRITS
VIALS
WAYS
WEEKS
WOMEN
YEARS

SEVENS IN THE BIBLE

```
S E V A O L P W X X S C I O S
N C S V Y L O N S O T H A V N
B A B G A M D B S I E U N M O
T J G G E T E H S S K R G S C
T L U N G N T N H P S C E K A
C E N Z D N O C C I A H L E E
S S X U O I W J E R B E S E D
K R J M T O V A C I Q S Y W G
D A R A S P L M Y T D R W L W
D E N L D S H K R S S E A L S
D Y A A L A R T T X X Q U N S
U I Y I Y S G N I K C Q E C B
V S S N W O R C U O O M B T Z
```

WORD LIST

AARON	ISRAEL
ANGEL	LAND
BLOT	LEVI
BREAK	LORD
CALF	MOLTEN
CHILDREN	MOSES
CONSECRATE	MOUNTAINS
CONSUME	NATIONS
DELAYED	OFFERINGS
EARRINGS	PEACE
EGYPT	PLAY
EVIL	POWER
FIRE	REMEMBER
GODS	SINNED
GOLDEN	STIFFNECKED
HAND	WAX
HOT	

THE GOLDEN CALF

```
S I V E L P E A C E V I L S X
S G N I R R A E E H E G D B X
R E B M E M E R N M X E L L F
V E W E D C I P X E K O E D C
S R G N M F H T U C T A E N O
T G A Y S U K I E F R L M A N
V H N D P A S N L S B O O L S
D L O I E T F N I D U R G M E
E G E R R F C A O N R D H N C
L G B G I E A A T C W E D A R
A O Y T N R F A L Q A N N T A
Y L S A O A I F B F X N N I T
E D T N L N I W O R S I Z O E
D E F X S P M O S E S S H N M
Y N F R E W O P T Q K F Z S T
```

27

WORD LIST

AARON
ABIATHAR
ABIHU
ADIEL
AHIMELECH
AHITUB
AZARIAH
ELEAZAR
ELI
HANANIAH
HARIM

HILKIAH
HOPHNI
JEHOSHAPHAT
JESHUA
MELCHIZEDEK
MERAIOTH
NADAB
PHINEHAS
URIAH
ZACHARIAS
ZADOK

PRIESTS

```
T S Z J P H I N E H A S B R F
C H A A L W W Z E H R W M A I
U C A I D H V M I L J C E H T
M E W W R O O L X E I A L T K
E L O Y O A K P H W A K C A A
R E A I M I H O H H L H H I S
A M A B A A S C A N E A I B P
I I D H I H U R A V I I Z A A
O H Y L A H I H U Z D R E D H
T A C P L M U O S R A A D A I
H E H D N O R A A E I Z E N T
V A H A I N A N A H J A K J U
T J D M Q R A Z A E L E H V B
```

WORD LIST

AHIJAH

AMOS

AZARIAH

BALAAM

DANIEL

DEBORAH

ELIJAH

ELISHA

EZEKIEL

HABAKKUK

HAGGAI

HOSEA

HULDAH

ISAIAH

JEREMIAH

JOEL

JONAH

MALACHI

MICAH

NAHUM

OBADIAH

SAMUEL

ZEPHANIAH

PROPHETS AND PROPHETESSES

```
M H O S E A A H E L K Z M H L
A J V W O Z A L K V P E H A V
A H M G A I I O K K G P P G E
L X E R A S B H U D V H Q G M
A I I S H A A K M E H A F A A
B A I A D J K X E B J N L I L
H S Z I I A R S H O E I B N A
A U A H B H A A D R R A I A C
C H A A A M N A G A E H S H H
I U H D U O N Q K H M A I U I
M Y L E J I I K H J I M M M N
F U L L E I K E Z E A L E O J
H B H L E L I J A H H Z S J S
```

WORD LIST

ANGELS	LIONS
APOSTLES	MEN
BASKETS	MONTHS
BRETHREN	OXEN
BOWLS	PATRIARCHS
BULLS	RODS
CAKES	STARS
CITIES	THRONES
FOUNTAINS	TRIBES
FRUITS	WELLS
GATES	YEARS

FAMOUS TWELVES

```
H U B M O N T H S C X S
Y E A R S A V Q A P B O
U M E A S P Y K S L R S
B D R N R O E P N L E F
F U D R A S T A O B T O
R J L B T T L T I E H U
U O B L S L K R L N R N
I D D A S E T I S Z E T
T L P S C S T A E S N A
S T E K S A B R T L J I
N B O X E N F C A E C N
E L B O W L S H G G W S
M W Z R W I U S A N V M
C S E N O R H T T A W W
W E L L S E I T I C X A
```

WORD LIST

ABRAM	JOHN
DANIEL	JOSHUA
EZEKIEL	MARY
GIDEON	MOSES
HAGAR	PAUL
ISAAC	SIMON
JACOB	ZACHARIAS
JAIRUS	ZERUBBABEL
JEREMIAH	

PERSONS TOLD "FEAR NOT"

```
L C A A S I S J E S S Z P I B
N W P G G E E H L A X E J W D
P M E H S R Y E I X N R A B O
L Y X O E V I R V O H U I O E
P Y M M P N A F M Q P B R C Z
F S I G A H M I P H N B U A E
S A W D C A S S U T I A S J K
H A P A R A G A H M X B O D I
R B Z Y C V D L G I D E O N E
N R O F R V W W I N I L C U L
O A D H T J O H N G I Z C M M
H M A U H S O J X X N P A U L
```

WORD LIST

ALPHA	LIFE
AMEN	LIGHT
AUTHOR	LORD
BELOVED	OMEGA
BISHOP	PRIEST
BRANCH	PRINCE
DAYSPRING	RIGHTEOUS
DIADEM	SALVATION
FORERUNNER	SAVIOUR
GOD	SHEPHERD
HEADSTONE	SON OF GOD
HOLY	WONDERFUL

NAMES FOR CHRIST

```
T N V D B E L O V E D C H H S
X W A F A A M R D I A D E M U
M I L I F E S H E P H E R D O
S V X B R A N C H V Y G H H E
L F H E A D S T O N E L P Z T
G U P X T D S O N O F G O D H
Q X F R R O H T U A U Q E H G
K E T R N I E M P R I E S T I
O C H V E D A Y S P R I N G R
M N G C M D W Q Z L O R D E I
E I I H A B N O I T A V L A S
G R L B I S H O P W M H A G O
A P B Y A S J Z W L I H F O Y
R E N N U R E R O F K P Z D X
W J M A H P L A S A V I O U R
```

WORD LIST

AMEN
ANOINTED ONE
BELOVED
BREAD OF LIFE
DELIVERER
ETERNAL
FAITHFUL
GLORY
HEIR
HOLY ONE
HOPE
I AM
IMMANUEL
JESUS
JUDGE

LAMB
LIGHT
LIVING STONE
MASTER
NAZARENE
PROPHET
REDEEMER
SAVIOR
SON OF GOD
SON OF MARY
SON OF PEACE
TEACHER
TRUTH
WORD

MORE NAMES
FOR CHRIST

```
G E Q M S O N O F M A R Y W Z
B N S A V I O R T N M I E K E
W O R D S B I E A R B F L N F
Z T H W B A A Z E H I E O A W
S S O A M C A M E L U Y I M A
O G P M H R E I F N L T E N B
N N E E E E R O A O H T O J D
O I R N D E D M H F E I G O V
F V E E T A M E U H N L G T B
P I R S E I T L P T O F H O E
E L A R L E E O E R O G X S L
A M B A R G R D Y N I D Q U O
C B M N D P O Z O L P Q G S V
E B A U B N N S H T U R T E E
O L J R E R E V I L E D S J D
```

WORD LIST

ALPHA	OMEGA
BETA	OMICRON
CHI	PHI
DELTA	PI
EPSILON	PSI
ETA	RHO
GAMMA	SIGMA
IOTA	TAU
KAPPA	THETA
LAMBDA	UPSILON
MU	XI
NU	ZETA

THE GREEK ALPHABET

```
C R D P I P K N K E J V P S I
B L Q R Z A Q O X W O Z I E X
O T K O P A M R L G Z O Z A L
R A X P E M L C O D T X O P A
O U A I W X U I A A E A H X D
Q R P H H B B M Z R M L N V B
H Y H C X O W O H M A U T P M
F K L O Q L O R A X T G H A A
Q C F C V S I G M A T I Z B L
A H P L A T E B N Z K N A D L
K W A G E M O M N O L I S P U
X O T H E T A Q L N S T U Q C
Q I T W D P W O B E E K Q F S
Z P L N O L I S P E S T X D C
I Q N O K L K A T E Z F A T O
```

WORD LIST

ABIA
ABIUD
ABRAHAM
ACHAZ
ACHIM
AMINADAB
AMON
ARAM
ASA
AZOR
BOOZ
DAVID
ELIAKIM
ELIUD
ESROM
ISAAC
JACOB
JECHONIAS
JESSE

JESUS
JOATHAM
JORAM
JOSAPHAT
JOSEPH
JOSIAS
JUDAS
MANASSES
MATTHAN
NAASSON
OBED
OZIAS
ROBOAM
SADOC
SALATHIEL
SALMON
SOLOMON
ZOROBABEL

THE MATTHEW GENEALOGY OF CHRIST

```
D B A D A N I M A F A M T D F N L O
K U R O B O A M X B J O R A M J E E
E N I M A O M L I X B O O Z K O B S
S A S L B M T A H P A S O J N A A R
S A A E E G A G N S R I T O Q T B O
E S D Y B R Y T B A S Z M T O H O M
J S O L O M O N T A S A A Z N A R J
E O S A D O C R A H L S I H H M O E
L N G S Y A L C B X A A E K C X Z S
I E M A H A R B A C S N I S Z A U U
A D V Z I X O A X L E I H T A L A S
K O J U D A S M M L T N O M L A S R
I A B I U D D A V I D A M I H C A O
M L T S A I N O H C E J A C O B I Z
V J O S I A S U Q J O S E P H G O A
```

WORD LIST

AMALEKITES
AMMONITES
AMORITES
ANAKIMS
ASSYRIANS
BABYLONIANS
CANAANITES
EDOMITES
EGYPT
GESHURITES

HITTITES
HIVITES
JEBUSITES
MAONITES
MIDIAN
PERSIA
PHILISTINES
ROME
SYRIA
ZIONIANS

ENEMIES OF ISRAEL

```
Q J K Z A M M O N I T E S S V
O S W R T Z E A H A P D S E K
H E D S L E I I M S S N S T P
E T C U C A V O E X A E R I A
P I P B I I R T N I T B V S M
H R M V T I I H N I G G C U A
I U S E T N F O T P A A U B L
L H S E O T L T E X N N M E E
I S S A P Y I R H A T Q S J K
S E M Y B H S I A I R Y S R I
T G G A D I Z N Z X Z C X O T
I E B C A E I X M I D I A N E
N L I Z M T C S M I K A N A S
E N F O E C S E T I M O D E Q
S C R S N A I R Y S S A I G B
```

WORD LIST

ATTENTIVE
AWARE
BLAMELESS
BOLD
CONCERNED
FAIR
FAITHFUL
GODLY
HOLY
HUMBLE
KIND
LOVES
LOWLY

MEEK
MERCIFUL
OBEDIENT
PURE
RESPECTFUL
RIGHTEOUS
SINCERE
STEDFAST
TRUE
UPRIGHT
WATCHFUL
ZEALOUS

THE CHARACTER OF THE CHRISTIAN

```
A L L O W L Y L F L S R I A F
S T R U E D T A U S A E T M X
P U R E B K I F E W I S N E C
T P O O E T H L A E E P E R A
H I L E H C E R L L R E I C T
G D M F T M E B H O E C D I T
I T U A A H M E O V C T E F E
R L W L N U G I L E N F B U N
P L B C H U N I Y S I U O L T
U Z E A L O U S R F S L B Q I
T T S A F D E T S Y L D O G V
L D E N R E C N O C D N I K E
```

WORD LIST

BOTTLES	HOUSE
CART	JERUSALEM
CLOTH	KING
COMMANDMENT	LUMP
CORDS	MAN
COURT	MERCIES
COVENANT	NAME
CREATURE	REVELATION
DOCTRINE	SPIRIT
EARTH	TESTAMENT
FRUIT	TOMB
GATE	TONGUES
HEART	WAY
HEAVENS	WINE
HOPE	

NEW THINGS

```
R X L V M E R C I E S Q N G P
T N A N E V O C L U M P T G A
E R U T A E R C T M Q N L N V
A C R S E D I F A I E X S I R
M Y O M N C O N U M R D Z K E
P E A U E E H C D U R I T W V
P N L T R T V N T O N E P R E
T F A A R T A A C R S T W S L
O G E A S M B H E T I T A B A
N H E P M U E O A H L N Y O T
G O C O O A R M C A R T E T I
U U C L R H E E Y I I B H T O
E S W T O N V H J U M L I L N
S E W G T T V T R O H B L E H
V V I N E M H F T J D T L S M
```

WORD LIST

ABRAHAM	JESUS
AZARIAH	JOSEPH
DANIEL	JOSIAH
DAVID	MARTHA
ELIJAH	MARY
GIDEON	MOSES
HANANIAH	NOAH
ISAIAH	PAUL
JEHOSHAPHAT	PETER
JEREMIAH	STEPHEN

A FEW OF THE FAITHFUL

```
K N E H P E T S N D T F O P U
Y L E A H S P I O B N W D P H
G E G I A J J H A X W A D P A
M L E R I H E Y H X N O L Y I
X I V A A V S R H I P Y P R N
F J Q Z S P U F E S G P H E A
N A S A I W S L A M S U T T N
M H I P M X O D R B I C V E A
O D L N G I D E O N R A O P H
S M H P E S O J H F R A H V W
E A W I T A H P A H S O H E J
S R N I C U O D I H P T G A I
Z Y C M M H X X S N K A H W M
Q I A H T R A M O T Z X U X I
D A V I D O N C J S V Y N L S
```

WORD LIST

ABEL
ADAH
ADAM
CAIN
CAINAN
CUSH
ENOCH
ENOS
EVE
GOD
GOMER
HAM
HETH
IRAD
JABAL
JAPHETH
JARED
JAVAN

LAMECH
LUDIM
MADAI
MAGOG
MAHALALEEL
MESHECH
METHUSELAH
NIMROD
NOAH
PHUT
RIPHATH
SEBA
SETH
SHEM
SIDON
TIRAS
TUBAL

PEOPLE MENTIONED IN GENESIS 1–10

```
L A B U T M Q P T O U M E A Y
D O R M I N A L I D H M L R N
H R S E B A M H R L T A A D R
S S I J A B A L A M E H M T M
U J I P B L G T S E H A E N E
C C E D H B O U K T H L C A S
N D A T O A G H A H A A H V H
M J E I Z N T P L U O L H A E
A S A E N O C H P S N E A J C
D C T P J A A B M E F E D L H
A R C L H D N E W L W L A E E
I C E Z A E H R D A R I W B N
I E A M U S T A V H G O D A O
M C V I O T W H W M I D U L S
X A K E N G O D E R A J Y O W
```

WORD LIST

AMOS	JOSHUA
DANIEL	LUKE
DAVID	MALACHI
EZEKIEL	MARK
EZRA	MATTHEW
HABAKKUK	MICAH
HAGGAI	MOSES
HOSEA	NEHEMIAH
ISAIAH	OBADIAH
JAMES	PAUL
JEREMIAH	PETER
JOEL	SOLOMON
JOHN	ZECHARIAH
JONAH	

BIBLE WRITERS

```
O H A C I M E O H R H G R Y W
N J J Q Q Z H X O I A J O M K
L O G C E A Y J S R I E B S U
U H P K N M F C E W M R A I K
A N I O A I A X A H E E D A K
P E J P T U S T A S H M I G A
L S L U K E H I T G E I A G B
I M S M M D R S U H N A H A A
S D A A O H K X O C E H B H H
A A J L C S G E J J H W V C P
I N I E A R E D S O L O M O N
A I Z T Z C E S A F E A S S X
H E U N C R H T D V R L O B Y
E L X W H B A I E K I M A P Z
Z E C H A R I A H P A D Z K X
```

WORD LIST

BEAR	LEOPARD
BIRDS	LION
BULL	MULE
CALF	OX
CAMEL	RAM
CATTLE	ROE
DOG	SHEEP
DONKEY	SNAKES
FISH	SWINE
FOX	UNICORN
GOAT	WOLF
LAMB	

ANIMALS OF THE BIBLE

```
O S E L U M D Q F X N L J W U
T X R O E O S F O Z R E B S E
S B K D N D T F R C O O E O L
P U Y K R L E S S A C P A T T
P I E I B B E N W M I A R A T
C Y B P U K G G H E N R X O A
A W D L A P P M E L U D H G C
L R L N Y E X O L N Y X V V H
F A S H P E Y P O F S W I N E
Q M S O P H F I S G F L O W P
H I X N S S L W S U T I P M X
F B D R B M A L C D O G V D L
```

WORD LIST

ABRAM	LORD
ANER	LOT
ARPHAXAD	MANASSEH
BELA	MELCHIZEDEK
BENJAMIN	MILCAH
BILHAH	NAHOR
DINAH	PELEG
EBER	PHARAOH
EHI	RACHEL
EPHRAIM	REBEKAH
ESHCOL	REU
HAGAR	REUBEN
HAMUL	SALAH
HARAN	SARAI
ISCAH	SAUL
ISHMAEL	SERUG
ISRAEL	SHEM
JACOB	TAMAR
JOSEPH	TERAH
JUDAH	TOLA
LEAH	ZARAH

PEOPLE MENTIONED IN GENESIS 11–50

```
T W L E A M H S I A H X T O L A I G
W F A H I M V B B R A M A T T R D S
L E L P D H M R W P R U Z E K E A A
U S E E L E A A U Y A H R Q E U X L
M H B S G M P E N K N A A V E B A A
A C J O H E R H E A H I S N H E H H
H O A J H A L H R P S J A H I N P S
I L C G A H K E A A H S N R E D R A
S R O U D A L E P C I A E M A M A U
R R B R U C O V B N L M R H K S F L
A E A E J S R W U E N I M A J N E B
E B D S M I D K A L R X M D O Y G S
L E Z A R A H A G A R E L E A H O Q
G K E D E Z I H C L E M X R O H A N
O R A C H E L F C B I L H A H T O L
```

WORD LIST

ABSCESS	HEMORRHAGE
AGUE	INFLAMMATION
BLINDNESS	INSANITY
BOILS	ITCH
CANKER	LEPROSY
CONSUMPTION	MADNESS
DEAFNESS	PALSY
DROPSY	SCABS
DUMBNESS	SCURVY
DYSENTERY	SUNSTROKE
EMERODS	TUMOR
EPILEPSY	ULCERS
FEVER	

A VARIETY OF AILMENTS

```
Y W P X D U M B N E S S M T U
S E S C A B S E S C U R V Y T
P F K V C B B L I N D N E S S
O E G O H A D Q S B C N S P D
R T M I R S N S W O R L S E Y
D Y S E R T E K N Z I F S L S
X M S E R C S S E O Y F E I E
T Q C L S O U N B R E K N P N
F L Z B A M D T U U R D D E T
U Z A A P P W S G S I O A Z E
N O I T A M M A L F N I M G R
M T I B S S E N F A E D D U Y
U O I T C H Y S O R P E L E T
N E G A H R R O M E H E V E F
Y T I N A S N I A R E V E F T
```

WORD LIST

ADDER	HORNET
ANT	LICE
ASP	LIZARD
BEE	LOCUST
BEETLE	MAGGOT
CATERPILLAR	MOTH
CHAMELEON	SCORPION
DRAGON	SERPENT
EARTHWORM	SNAIL
FLEA	SPIDER
FLY	TORTOISE
FROG	VIPER
GNAT	WORM
GRASSHOPPER	

INSECTS AND REPTILES

```
I M U I T O R T O I S E R T V
O R V I P E R S E F L E A N T
F O H D R A G O N P S A D E A
S W C A T E R P I L L A R P N
C H L E T O G G A M E E B R G
O T T I G R A S S H O P P E R
R R S N Z Y N Q H H T O M S S
P A N G A A L U B E E T L E P
I E A D D E R F L O C U S T I
O M I E C I L D D X F R O G D
N S L L J G W T E N R O H Q E
D N O E L E M A H C M R O W R
```

WORD LIST

ACHOR	JIPHTHAHEL
AJALON	KEZIZ
BACA	LEBANON
BERACHAH	MEGIDDO
BOCHIM	REPHAIM
ELAH	SALT
ESHCOL	SHITTIM
GERAR	SIDDIM
GIBEON	SOREK
HEBRON	SUCCOTH
HINNOM	ZARED
JEHOSHAPHAT	ZEBOIM
JERICHO	ZEPHATHAH
JEZREEL	

WALKING THROUGH THE VALLEYS

```
N A Y O L Z E B O I M W X J O
D O H C I R E J S A L T T E Z
X O O U T O R L N A D A M Z D
B B T M Y M E E I O H C K R J
H F O X I B E M P P R E H E I
T A X C A T I G A H R B B E P
J U H N H D T H I O A E E L H
D Z O T D I S I S D R I C H T
E N I I A O M G H A D N M W H
R H S Z H H I N C S R O H C A
A I K E E B P H A J A L O N H
Z N J H E K A E H A L E N U E
A N I O X H O M Z R A R E G L
D O N H T O C C U S G A C A B
N M L O C H S E W M C R M L Y
```

WORD LIST

ABEL	JOHN THE BAPTIST
ABIHU	JONATHAN
ASHER	LABAN
BENJAMIN	LOT
BOAZ	MANASSEH
DAN	MOSES
DAVID	OBED
ELISHA	SAMSON
ESAU	SAMUEL
GAD	SAUL
GERSHOM	SETH
ISAAC	SHEM
ISHMAEL	SIMEON
JACOB	SOLOMON
JAMES	TIMOTHY
JOHN	

FAVORITE SONS

```
N O E M I S L V V J S V S J M P O L
N O M O L O S O A I A P V O S I K H
L H G S S H B M X Z G M S E D S L J
U E L D V O E E A U O E T I R H M D
A C S E N S N O N H S H B E S M A A
S X Z A B M B O S J O D H M N A N N
I Y Y M U A M R S I A S I H B E A K
Z B O C A J E E F M A M V V K L S C
I T D V H G I R A D A T I R A E S S
R L R A Y H T O M I T S Y N O D E H
T S I T P A B E H T N H O J V K H E
S V J S U E L W E Z K L E U M A S M
T Z G O D V L A B A N D A G A U X C
S O N A H T A N O J H M U H I B A P
N K L A A N K I A H S I L E Y N O L
```

WORD LIST

ALMONDS
BARLEY
BREAD
BROTH
CAKE
CHEESE
CUCUMBERS
CURD
EGGS
FIGS
FISH
FOWL
FRUIT
GAME
GARLIC
GRAIN
GRAPES
HERBS
HONEY

LEEKS
LENTILS
LOCUST
MEAL
MELON
MILK
NUTS
OIL
OLIVES
ONIONS
POMEGRANATES
POTTAGE
QUAIL
RAISINS
SALT
SHEEP
STEW
VEAL
VINEGAR

BIBLE FOODS

```
Q A L U R S L H S I F C A P J I S N
Z X W S A N A O B N R A E T G O R L
Z B I N G I A L R O U L K R K L E E
G A L O E S N L T Z I T A G U I B E
A R N I N I A I M Y T P C R O V M K
M L L N I A W O V O E Y X A O E U S
E E D O V R Z S E S N O E I L S C M
C Y C U R D L I A U Q D O N W U U E
H N U T S T O A L D E M S D O B C A
E T S L I T N E L Y G S G I F H I L
E C F X D S E T A N A R G E M O P P
S B R E H A H T X J T U H T O R B C
E M I L K N E G G S T W N W E T S K
H N U A C I L R A G O M E L O N I X
O L O C U S T M B D P G N S H E E P
```

WORD LIST

ABADDON	LIAR
ACCUSER	LUCIFER
ADVERSARY	MURDERER
APOLLYON	OLD SERPENT
BEELZEBUB	SATAN
DEVIL	SERPENT
ENEMY	TEMPTER
EVIL	WICKED ONE

NAMES GIVEN
TO SATAN

```
T T X X Q U S A E U I Y C Q B
C B U O O B P T N Z P O A G U
Q G H C N O L I E I W L B Q B
Q D E T L O F A M U E D A Q E
O M E L N D T X Y N L S D I Z
Y A Y V I E L N O I Z E D Z L
N O C Z I U P D A N A R O Q E
N R Y C C L E R A A D P N N E
C E E I U K U S E O V E E T B
W S F R C S C C Y S E N I E A
E E E I E N E K E S R T P M R
R V W T E D A R T V S U X P L
I Q I Q T E R T D M A T E T N
B Q Q L X X I U A B R N U E W
G R J L T Q H N M S Y H A R H
```

WORD LIST

'ALEPH	PE
'AYIN	QOPH
BETH	RESH
DALETH	SADHE
GIMEL	SAMEKH
HE	SHIN
HETH	SIN
JODH	TAW
KAPH	TETH
LAMEDH	WAW
MEM	ZAYIN
NUN	

THE HEBREW ALPHABET

```
G W K V M C Z K Y C S M P E E
D I G B G A B C R D P L K E J
V H B K Y Q R Z Q X H A W I Z
E O E I K K O A M Q T M L G H
Z M N T Z A A L R O E E X E K
L A E O H X P O P P L D O W E
X A Y M H W X H Q H A H P H M
B R B I A Z E B R V D H Y X A
H O E W N H E G I M E L W H S
A T P S D T N I S K L Q L O R
X T E A H H N G Q C A F C V T
Z B S T N D U Z K L N A D L K
W M X O W O N Q E L H N S T U
Q C Q A I J T P W D E P W O B
E K T Q F S H N I H S Z P L S
```

WORD LIST

ABRAHAM	HERDSMAN
ANGELS	HUMILIATION
BLESSING	JORDAN
CANAAN	MISTAKE
CAVE	MOAB
CHOICE	NEPHEW
CORRUPTION	PILLAR
DISOBEDIENCE	PITCH
DISPUTE	RESCUED
EGYPT	SALT
FERTILE	SODOM
GOMORRAH	TENT
HARAN	WIFE

LOT'S LOT IN LIFE

```
R K D G T C A N A A N E N G B
A F E J N D C S W I K F A O W
L E U N E V O S E N M I R M W
L R C Z T L R F H D A W A O H
I T S P V N R E P I H O H R U
P I E E A T U K E S A W N R M
E L R D L T P A N O R N L A I
W E R A P L T T M B B E S H L
A O S Y G V I S O E A M O N I
J Z G E A Q O I A D H S D D A
I E V M B R N M B I C D O Q T
D A A N G E L S U E T R M U I
C G N I S S E L B N I E K S O
O E C I O H C H T C P H G H N
E E T U P S I D U E G T W K V
```

WORD LIST

ACHSHAPH

AI

ANA

APHEK

ARAD

ASHDOD

BETHEL

DOR

EGLON

GAZA

GEZER

GOYIM

HAZOR

HEBRON

JARMUTH

JOKNEAM

KEDESH

LAISH

LOD

MAKKEDAH

TAANACH

TIRZAH

CANAANITE CITES

```
K N P T I R Z A H I L H
U D W T J F C V O L E T
A R A D W O N D Q O H U
H N O L G E K O L D T M
A C H D O R L N R A E R
I A A S H D O D E B B A
L P Z N J B J W N A E J
A H O A A M I Y O G M H
I E R N H A D E K K A M
S K A C Q N T G E Z E R
H P A H S H C A G A L P
R E H S E D E K G A Z A
```

WORD LIST

ALPHAEUS	LAZARUS
ANANIAS	LUCIUS
ANDREW	LUKE
ANNAS	MANAEN
APOLLOS	SILAS
AQUILLA	SIMEON
ARTEMAS	STEPHEN
JULIUS	THOMAS
JUSTUS	TIMAEUS

MEN OF THE NEW TESTAMENT

```
A B G D A B I S M T J G L T E
T L G N A H C A N Z D U A C C
X J U J L E K I J O K R N V N
C U Q Y I G D N R E T A O S E
P S L M U D R A W E L N E U H
W T S D Q S H N M K R N M I P
D U L O A A R A T T X A I L E
A S X Q L R S T S U I S S U T
N U Y C Q L I C B U O O B J S
D I T S A M O H T M A N A E N
R C Z P A G Q P S U R A Z A L
E U G E H C N L A I I W Q Q E
W L U O F A U Q S A L I S O M
D S S U E A H P L A T X I Y I
N Z Z N Z N Q Y A A N C E U S
```

WORD LIST

ADULLAM	GILGAL
AI	GOYIM
ARAH	HEPHER
ASHKELON	JERICHO
BETHEL	JERUSALEM
DEBIR	LIBNAH
EKRON	MEGIDDO
GATH	SHIMRON
GEDER	SIDON

MORE CITIES IN CANAAN

```
A B G O D B I M T J G T A E O
T L G D N H C N Z R D I H C H
C X U D J A E K E J O V E C C
Q Y G I G D D D D R P A P N I
L M D G R I E U W L W R H O R
D S H E K G L B L R D A E R E
G L A M R T T G I L X H R K J
O N O R M I H S A R A X Q E L
Y U S U I Y C Q C L B M U E O
I O B T Z P G N O L E K H S A
M S I D O N Q H T A G T G H C
N M E L A S U R E J E L I I W
Q Q H A N B I L E B O F A U Q
```

WORD LIST

ABIGAIL	HANNAH
ACHSAH	JEZEBEL
ADRIEL	KETURAH
ANNA	LEAH
ASENATH	MIRIAM
ATHALIAH	NAOMI
BATHSHEBA	ORPAH
BILHAH	PHOEBE
CANDACE	PRISCILLA
DEBORAH	RACHEL
DELILAH	RAHAB
DINAH	RHODA
ESTHER	SARAH
EVE	TAMAR
HAGAR	ZIPPORAH

WOMEN OF THE BIBLE

```
V H Q G N J A E H H R E J A A
H V K E A B S A A A A P D J B
A M S N I T N P S Y G R E M E
N H N G H N R E G C A I L I H
I A A E A O N Y S A H S I R S
D I R H Y A P T A N I C L I H
L H E N T H V T M D Z I A A T
K D U H O F H T M A I L H M A
E Q E E G A J A J C P L N J B
T C B B L R C M B E P A E E I
U E Y I O H H A E L O R V Z L
R N A K S R H R T M R H E E H
A H D A L A A H I M A O F B A
H T H V R A C H E L H D N E H
H S A R A H L E I R D A L L P
```

WORD LIST

ABRAHAM
ALTAR
ANOINTED
BEAUTIFUL
BETHEL
BIRTHRIGHT
BLESSED
BLESSING
BURIED
CANAAN
CHANGED
EGYPT
ESAU
FAMINE
FEARED
FLED
GILEAD
HARAN
ISAAC
ISRAEL
JOSEPH
KINSMAN

LABAN
LADDER
LEAH
LORD
PATRIARCH
PHARAOH
POTTAGE
QUIET
RACHEL
REBEKAH
RECONCILED
SEVEN
SLEPT
SONS
TRICKED
TWIN
UNCLE
WEDDING
WELL
WORKED
YEARS

ALL ABOUT JACOB

```
T E D V J J E G Y P T H D T M Q I V D O
F H X Q A G B X J E S O P R P S N I D L
H B G I L E A D E Z Q R J E R E U K E Z
V O B I W Q P C P R T E A A S A L S L R
A P D L R K U A A O H D E E S O E S I A
W S L E E H L I T N T L S E Y V J A C T
E P P E C S T A E R A T U C E A B X N L
D R P H D B S R B T I A A N I R B V O A
D N M V A E L E I A B A N G A H G G C D
I A B S F R T L D B N E R H E U X M E H
N M T L Q H A N E I R D A C A Z Z K R X
G S C Z E D A O I W C M X U H R C O L C
X N F A R S E K H O R L I Z T I A E C N
F I E H A A S K E U N E C O R I H N T M
C K A D A S C I R B N A D T F T F W I E
G B R R P E I H N O E C P D E L I U N L
T W E O W P L S E G W R L B A N E I L M
B J D L K K N Q A L L U L E C L M D A P
J I N Z X O D E G N A H C W O A B N A T
Z I R O S D E I R U B L K L F N Z T U N
```

WORD LIST

BEOR
BERA
BERACAH
BERIAH
BESAI
BETHUEL
BICHRI
BIGTHAN
BILDAD
BILGAH

BILGAI
BINEA
BINNUI
BIRSHA
BIRZAITH
BIZTHA
BOAZ
BOHAN
BUKKI
BUZI

OLD TESTAMENT NAMES THAT BEGIN WITH "B"

```
K H A D L K B W B M X O I Q L N S T U Q
C Q T I T E W E D P W R O B E K O F S Z
P L S I R X R D C I H Q N R O K L K F T
O S B A V I Q I B C X J W U O T X F L Z
S S U I A A A K I O I D T F O E P U E Y
B L E H Z G Z B S Z H P I B N D B W U P
U G G H L T X R U W H A P M A E H A H Y
K X O I L Y H B I H X V N D V H E P T Y
K P B F Q P F A A B S G L B P N H N E S
I W S U T I I C P M X I O D I R C V B D
L N O F R V A U W W B I N B I G C U A O
D H T G I R Z H N C M M H X X N T H K H
W Q I T E Z X A X N I O I N C S S H V Y
N S O B V B A G B G I A D B I R M T A J
G T E T L G N L H C S B N Z I Z D C C N
X U J E K J O I V E C Q A B Y G D R P L
M D R W L W D B B S H O K R D L A R T T
X X Q H T I A Z R I B C B U O O B T Z P
```

WORD LIST

BAAL	BARZILLAI
BAALIS	BASEMATH
BAALZEBUB	BAVVAI
BAANA	BECHER
BAARA	BECORATH
BAASHA	BEDAD
BAKBAKKAR	BEERA
BALAAM	BELA
BANI	BENAIAH
BARAK	BENJAMIN
BARIAH	BENO
BARUCH	BUZ

OLD TESTAMENT NAMES
THAT BEGIN WITH "B"

```
U Y A R E E B L B E B S R P I B N W P G
G H B A N I X E W A D E B P R B M E I H
Y X O L Y X N V A V H E H P A A Y P A F
Q P F S G J P L H C L A N S K A W S L U
T I P M A S X O E A N D R H K L C V L D
B L N M O I F B R A V W A W A Z I N I I
A C I U O L D H A T H I G D B E I Z Z C
A N M M H A B B X T A X A N K B K H R W
R Q I T Z A X B A N X D I B A U O N A C
A S V Y R B A R E Z E N S A B B O V B B
A B G U D L O B B B U I M S T J G T E B
T L C G A C N A H C N B Z E D C C X A U
J H E A E K J H B O V C Q M Y G D V R P
L M M B B D R S W A L W D A S H V K B R
D L A E R T T A X X R Q U T S A U A I Y
C Q N C B U O A O B T I Z H I P R G Q G
H O C N L I I B W Q Q E A O F A A U Q O
M D T X I Y I N Z Z N Z N H K Q Y A A N
```

WORD LIST

ABODE
ACCORD
ANDREW
BARTHOLOMEW
BRETHREN
JAMES
JERUSALEM
JESUS
JOHN
JUDAS
MARY
MATTHEW

MOTHER
ONE
PETER
PHILIP
PRAYER
ROOM
SIMON
SUPPLICATION
THOMAS
UPPER
WOMEN

IN THE UPPER ROOM

```
A H X Q P H B B Z R V H Y X O I W H A F K L Q L
S O R X N E M O W T M G Q C F C E V T S Z B N Z
K A N A D L K W M A X O Q L N S M T U U Q C M Q
I P D T W D P W T O B R E K Q F O S Z P P L E S
X D E U C I Q T N O O K L K F M L T O P S Q L X
J W U T J T H X F O Z S S U K O O D T L F O A P
U Y J L E E E S M P I B N R W T H P G I G H S X
W D P E W R M E H Y N X E S O H T L Y C X V U V
H P Y P S F Q P F E S Y I N G E R P H A N S R W
M S U P T U I P R M A M H X O R A D R T C V E D
S A L N H O S H F R O O R V W I B I N I I C J U
O A R D H I T T P N J G A N D R E W I O Z C M M
H X M Y X E L N K D H W Q I T Z X X I N O N C S
V Y N O R S O I V R B A B G D B I M T J G T E T
L G N B H H C N P O U Z D C C X U J E S K J O V
C Q Y G D T R P E C L P M D R W L W E D S H K R
D L A R T T X D X C Q U P S U I Y M C Q C B U O
O B T Z P G O Q G A H C N E L I A I W Q Q O E O
F A U Q O B M D T X I Y I N R J Z Z N Z N Q N Y
A A N C A E U S O E W S C C Y I A E K E B P R E
```

WORD LIST

ANGELS	LORD
AUGUSTUS	MAGI
CAESAR	MANGER
CLOTHES	MARY
DECREE	MYRRH
EARTH	PEACE
EMMANUEL	SAVIOUR
FRANKINCENSE	SHEPHERDS
GABRIEL	SON
GLORY	STABLE
GOLD	STAR
HEAVENLY	SWADDLING
HEROD	TAX
INN	TIDINGS
JESUS	VIRGIN
JOSEPH	WRAPPED
JUDEA	

JESUS IS BORN

```
W H B A P D Z O W S S Z I K X E O K
Y D O S E V K T H Y L G P G X H T L
V G J C U R F H K T F E N R A A Z O
I S R E R S E R D Y R C G I X M X W
Q E A G M A E G A K Y A E N D Y I X
E R G V O M U J N N A R E C A I K K
N G A N I L A G P A K I A U A D T H
W T A T I O D N U S M I F M S E R C
W V H B S L U R U S H O N O W R P D
Q R L E R L D R A E T E N C Y A J J
W N A A A I C D Q S L U P M E N G C
A L J P S V E P A R E E S H X N L P
X T O K P T E L T W U A L P E O S N
R Q S K G E A N V A S V C D T R I E
H U E N D L D B L B X S O H V G D Q
P O P N U R O M L Y E R E A R Y L S
D R H I N L O R D E E S R I T J B L
E B A E D U J L Y H K N V D A Z L P
```

WORD LIST

ACCUSER	FATHER OF LIES
ADVERSARY	FIERCE
AFFLICTS	GOD OF THIS WORLD
APOLLYON	MURDERER
BLINDS	OLD DRAGON
CONCEITED	POWERFUL
COWARDLY	RULER OF THIS WORLD
DECEITFUL	RULES DEMONS
DISGUISES	SERPENT
DOUBTS	SLANDEROUS
ENSNARES	TEMPTS
EVIL	TERRORIZES
EVIL ONE	THE DEVIL
FALLEN	USES OTHERS

THOUGHTS ABOUT SATAN

```
J D M Q V D I S G U I S E S D O F X Q A
G B X J E O R N I L H B E Z Q J K Z L V
S O W E V I L O N E E N S N A R E S U N
T D L R O W S I H T F O D O G R T S F E
B E A P A F F L I C T S D K H D S D T L
U L E F A T H E R O F L I E S S P N I L
O S U O R E D N A L S E C L I V E I E A
D R E R E D R U M U C S T P M E T L C F
C T A A D V E R S A R Y X R P B I B E B
O N N V M V H G L I V E D E H T G S D F
N E O U X M H T Q S N O M E D S E L U R
C P Y I R D Z Z X Z C X A C C U S E R O
E R L C D L R O W S I H T F O R E L U R
I E L X L I Z C L U F R E W O P N F C Q
T S O S R E H T O S E S U F I E R C E M
E C P I G B P P L T C O W A R D L Y W W
D P A S E Z I R O R R E T M B J K K Q A
L U L C A P J I N Z O L D D R A G O N X
```

WORD LIST

ANOINTEST	OIL
COMFORT	PASTURES
CUP	PATHS
DAYS	PREPAREST
DEATH	PRESENCE
DWELL	RESTORETH
ENEMIES	RIGHTEOUSNESS
EVIL	ROD
FEAR	RUNNETH
FOLLOW	SAKE
FOREVER	SHADOW
GOODNESS	SHEPHERD
GREEN	SOUL
HE	STAFF
HEAD	STILL
HOUSE	SURELY
LEADETH	TABLE
LIE	THOU
LIFE	VALLEY
LORD	WALK
MAKETH	WANT
MERCY	WATERS
MY	YEA

THE 23RD PSALM

```
Z L W O D A H S I H R F S D Y L K P Z X W J M C
N X M Y E L L A V E S U M W N Q I H K R X J Z A
H V V S T I L L V H R V D E P Y H V S I T A T T
J X D A E H C E E E M E P L E M T Y E G N H S F
L R K Z F G R P L P C P C L Y P E N T H A B E C
F O B S Q O H Y U F U J V A H A R H E T W A R X
O B C X F E D E X C D T P T S S O Q B E R S A V
L F V O R F B L P A S U E Z Y T T M R O R H P Q
L X K D M M E D Y E D D L H E U S V Y U E G E E
O L I G G F R S T N A S T H R R E U B S M H R M
W E A C O O O N O E R A O S P E R L D N K Q P A
L I E K L O I R L S E U P R E S E N C E N G F S
W N F Z Z O D J T D S I Z J H H U Z C S X P V O
H T E N N U R N D E Q S I U T H E G K S N H S U
U H Y A L G P U E I W R A E O F E N E M I E S L
O R E A K P R M G S Z A K K H H S T L O E E I C
N V A D A R F Q J M S A T Q E E T F I W L R B H
L I O T G Q D N L O M C U E F R A G G B A R O S
H X H R L E E M E R C Y F I R V F C A K O L V J
Q S P B R Y E C M Z B U L R C S F T X D R R K Z
```

WORD LIST

ALL	KINGDOMS
ALONE	LEST
ANGELS	LORD
ANSWERED	MOMENT
BEHIND	MOUNTAIN
BREAD	NOTHING
CAST	ONLY
CHARGE	PINNACLE
COMMAND	SATAN
DEPARTED	SEASON
DEVIL	SERVE
EAT	SHOWED
EVERY	SON
FORTY	SPIRIT
FULL	STONE
GET	TAKING
GLORY	TEMPLE
HOLY	THEE
IF	WILDERNESS
JERUSALEM	WORLD
JESUS	WORSHIP
KEEP	WRITTEN

JESUS TEMPTED BY THE DEVIL

```
V H S I G A D D T R C E S R E L R A Y K O V K S
V S Y S G K E W S A A E E Z J G Z G E F V A U X
C S L E E V H P S N R S P N K A R E I A A K M I
Y N T E I N I T S V O T L C L S P A C L I U E A
A O P L S R R W E F E D H O G M Z T H E Y M L F
S Y D U I T E E P U N U N E P O O I L C T L A V
E L W T B R U F D I V E L I E D N C Y O H T S H
A W T R E T N V H L N D H C E H A R H O R S U X
S W A D I F A E A I I S M W R N E M L G L D R I
O S V D X T B V A G R W O J N V K Y N E H C E H
N F P Z E G T T P O X H E I E D T I G D O Q J X
R U Q E K P N E W I S S P E A M H N N M V C W T
Q Z W E I U A H N B U W M E H T A A M G E O A B
Y A O S O J Z R L S I F R H O F Y A K N D K P Z
X W R M J M C N T T M B U N X M N M O N I O Q H
K X L J Z G A H V E V O V L D D N T P N Y Y M S
A T D J L T X C M M D E M P L A S E G M T Y Y S
H L R O K Z A F G P P C C E T Y T B C R L O B N
S Q R U F J V E A L H X B A N X D E O N X P O S
Q Y B S V F V F B E L P S U Z T Y F O R H S Q X
```

WORD LIST

APPOINT
COMPANY
CONTINUALLY
DISCIPLES
FAITH
GOD
GRECIANS
HEBREWS
HONEST
INCREASED
JERUSALEM
MINISTRY
MIRACLES
MULTIPLED
MURMURING
NEGLECTED

OBEDIENT
PEOPLE
POWER
PRAYER
PRIESTS
REPORT
SERVE
SEVEN
SPIRIT
STEPHEN
TABLES
WIDOWS
WISDOM
WONDERS
WORD

SEVEN ARE CHOSEN

```
G M J H K F S R Z O W I R D Y C X M W Q
K Y O I R T A K M O Y K N P I U D I W T
F C V D E O W D N E L Q L L A J N N J W
N A R P S C Q D N G L A L P R E E I X P
X T H E K I E T U L A A P E G R S S T Q
K E D V Y R W A V H U U S L L P B T N X
N S I E S A V Q P O N U E U I P M R I E
A Y L N I D R R N L I C D R R R O Y O T
J B S R C L L P E B T O I K N E S E P D
M A M E E R P Z L E N T B H P W J C P T
J I B U V P E I D F O T C E O L W W A Z
S R R W R E O A T I C U A D D N A V K D
C N T A W M N R S L W P I B X I E A I K
H O A Y C O U Y T E U W O W L A E S K A
I E M I S L N R F A D M P W D E C N T V
E Y B L C A E A I C L D O E E I S D T V
J V J R P E I S G N D R M Q P R V D O F
X Q R M E T R A G O G O B L X J E O R N
I L O E H W H G B E D W E Z Q J K Z V O
W C R T S T S E I R P S E A P D K H D S
```

WORD LIST

ABOUND
ABSTAIN
BESEECH
BROTHERLY
CALLED
DEFRAUD
DESPISETH
EXHORT
FORNICATION
HOLINESS
HOLY
HONESTLY
HONOR
INCREASE

LOVE
OUGHT
PLEASE
POSSESS
QUIET
SANCTIFICATION
SENSUALITY
SPIRIT
STUDY
TESTIFIED
TOUCHING
VESSEL
WALK
WILL

THE CHRISTIAN WALK

```
D U A R F E D G E S S H X G D L J I D V
O D E I F I T S E T U C P H N S B N X Z
M E V O L O A M N I Y O C Y Y A M C M I
H B D K Z E E F V D S E L N N N K R I T
D V E Y L O H H E S E R O I V C I E S G
A D L P T R W S E S E I A E E T R A E L
R A L Y O I P S E H T T S O V I Q S N K
S V A S L I S B T A S S U Y K F U E S W
E D C L S Z J O C B E G Z G T I I V U A
H U N E X C R I A L H S H I S C E P A N
K O T U A B N A S T K I R Y N A T O L L
C H N S O R C S L I U I A O P T F E I G
M Z T O O B E Y M F P Y D U P I W U T U
O O I F R N A T V S L B U F V O A L Y N
T H W T I T N V D C H H X W A N L F A A
M R Y L G N I H C U O T M I S V K X V G
H H O F P Y L T S E N O H Z S T U D Y G
P H X T D Q X R U Q T R O H X E E K I E
```

WORD LIST

BODY OF CHRIST
BRIDE OF CHRIST
CHURCHES OF CHRIST
CHURCH OF GOD
CITY OF GOD
DWELLING OF GOD
FLOCK
FLOCK OF GOD
GOD'S FIELD

HOUSEHOLD OF GOD
JERUSALEM
LAMB'S BRIDE
MOUNT ZION
PEOPLE OF GOD
TEMPLE OF GOD
THE BODY
THE CHURCH

TITLES FOR THE CHURCH

```
M D T D X I Y I N Z Z N C Z N Q Y A A P D N
C E U S O O E W S C C H Y I A E K E B E O P
R T T E T G V U X D U L I Q L O T E D O G M
T S E N B Q F Q X R W X I A B N U W G P F R
J I L T Q H N O C H A E M H D R C G S L O T
V R J B V D X H D G H B L C H H L R A E E J
W H Y G B D O G G L S M D L U M N C O O L E
C C W F F F O Z G B O O O R I D V K I F P G
I F V H G L A K R K G H C U J N C C Y G M O
X O C O C R O I M F M H E Y N O G S T O E V
L E D V V R D C O E E G S S L T V O S D T J
P D O L O E U Y K S L I O F U A Z P F V K H
H I G S S T T H O O H A X D G O D I L G J D
V R O U C I H F C N F B S X S Z H M O O O M
N B I Y C Y C E M E M G I U H F B K Z N E D
F V K I T H D V B H H I O G R A I D T R E R
L R A Y R O V K S O V T S D Y E K E W E Z J
Z G V I A U X C S H D S P N K A J A L K I Y
N O S T S I R H C F O Y D O B L C S C D L I
U T A O P F E G M Z T Y M F Y D U P U U O O
```

Word Search 48
Based on Judges 6–8

WORD LIST

ABIEZER	ISRAEL
ALTAR	JOASH
AMALEKITES	JUDGE
ANGEL	LAMPS
ANGER	LORD
ARMY	MIDIAN
BAAL	NIGHT
BONDAGE	PITCHERS
BOWETH	POT
BOWL	PROPHET
BREAD	PHURAH
BROTH	SACRIFICE
BUILT	SECURE
BULLOCK	SWORD
CAKES	TENT
CAMP	TONGUE
DELIVER	TOWER
DEW	TRUMPETS
DREAM	UNLEAVENED
DRY	WATER
EARTH	WINEPRESS
FLED	WOOL
FLEECE	WORSHIPPED
FLOOR	WRUNG
GRACE	

THE STORY OF GIDEON

```
P U Z Y L R R A T L A S H W D E P P I H S R O W
E L I G E N S R U M P E M R D M E B U E A C O R
S P L D A K Q A K I S T N U A G F R W C N F S Z
S Z J I R Z J H T K U I Z N E C A O X A P V S D
E J Q I S H E C C G K K N G R H H T S R N R E S
K U U H I L H O G P U E I R B F O H E G A E R W
A D R A D E L I V E R L K R M G T G Z H I G P O
C G T Y R L R E T A W A L O R E A E I C D N E R
N E R S U V D R F L Q M J O M D Q F H F I A N D
L D I B R B H G Q A D A O N N L L L O P M C I U
O R G G O S H R X A R L L O W E E E F V O C W K
R V P O T A J Q E B F P B O E B Y M R A R R Y E
D C D E L F N M Z Z B U B C R C S E C U R E P X
P I H S R O W G R R E Z E Q P M A C S G O D R F
M J I T R U M P E T S I P P E C I F I R C A S H
T M A E R D N C V L R T B U G L Q T T H G I N A
N A F O W D L U L A M P S A I L O O W B F Q S R
E V P L E S D E N E V A E L N U T O N G U E C U
T R J W C D J S Y E H T E W O B X T J O A S H H
I B U I L T W R E W O T E A R T H N O E D I G P
```

WORD LIST

ACCUSE	LAY
ASKED	LIFE
BETTER	MAN
DEPARTED	OUT
FALL	PARALYZED
FORTH	PIT
GOOD	RESTORED
HAND	SABBATH
HEAL	SHEEP
HOLD	STRETCH
LAWFUL	SYNAGOGUE

JESUS HEALS ON THE SABBATH

```
L G Z Z A L R S X E L O X O P O W R
X A H X Q P A H B B Z R D V S H Y E
X O W H A B F K L Q L O E R Y X D T
T G Q C B F C V G O O D Z T N Z E T
D B N A Z K L N A D L L Y K A W T E
M N T X P O Q A L N S A L T G U R B
Q H A C E Q I T Y D I W A D O P A W
O B E H E K Q F E S Z F R P G O P L
M S A X H D C R I Q N U A O U K E L
A K F C S T O O S Q X L P T E J D W
N U T X C T D F Z S T R E T C H S S
U K D T S U F E F I L O P U Y L E S
P I B E N W S P K G G H F O R T H L
W D R P M E H E Y S X O L Y X V V H
P Y P F Q P L F S G A P H N S W S U
T I P M X L O L A E H D H O L D R C
V D L N A O F R V T I P W W I N I C
U O D F H T G I Z C M M H X X N K H
```

WORD LIST

ALMIGHTY	LIGHT
COMPASSIONATE	LONGSUFFERING
EVERLASTING	LOVING
FAITHFUL	MERCIFUL
FORGIVING	OMNIPRESENT
GLORIOUS	OMNISCIENT
GRACIOUS	PERFECT
GREAT	RIGHT
HOLY	RIGHTEOUS
IMMORTAL	TRUE
INVISIBLE	UNSEARCHABLE
JUST	WISE
LIFE	WONDERFUL

THE CHARACTER
OF GOD

```
R B L L H G A L M I G H T Y G Q D N
L O U C I U R G G O S F H L E X R L
E T F E F G T V C K O V O T J Q P B
R N R Y E S H C M R Z R A U B U E R
C E E X U R E T G L I N N R Z V Q S
G S D J O F D I A O O S R F E M J L
I E N P I P V T U I E S N R N C O V
R R O L T I R S S A U U L G L N Q E
T P W K N O A S R O T A Y F G O L W
T I L G M U A C I N S L T S M B I S
A N B M F P H C E T O C U E I Q U F
E M I S M A A I I H E F R S L O V A
R O P O B R C N L F F C I L E S C I
G B C L G S G R R E I V O T T J C T
D E E J I S Y E R F N V H H E X T H
K I S N W O P I U I I G G E U R T F
Z T M I K Y N L E N I I N K E Y H U
I O C M W G X W G R R M J J J P Q L
```

WORD LIST

BLESSING	NECK
BOW	OBEY
CURSE	OLD
DEATH	POTTAGE
DIM	QUIVER
EAT	REBEKAH
ELDEST	RESERVED
ESSAU	SAVOURY
EYES	SERVE
FLOCK	SKINS
GOATS	SMOOTH
HAIRY	SONS
HANDS	SOUL
HUNT	TRICK
ISAAC	VENISON
JACOB	VOICE
KIDS	WEPT
LORD	YOKE
MEAT	

A STOLEN BIRTHRIGHT

```
S U T I P M X O Y E B O S D R N C V D L N O
F R V S W W I N I R I C O U O T O V O I C E
D H T T G I Z C E S D M U T M H S S X B O W
X J N A K H W B A T E Q L A I T Z E I X X I
O A N O C S E A V R V Y N E S H O V D N B A
B C G G D K C B I I R M T M J G T T E L E T
L O G N A H C N Z C E D C C X U R A J E E V
K B J H O V C Q Y K S G D R P E L M E D R W
L W D E V R E S S S E H K R V D L A R D T T
E X X Q U S U O I Y R H C I Q C B U O O S B
Y T Z P G Q N G H C A N U E S A U L I K I W
E Q Q E O S F A U N Q Q H U N T O M I D T X
S I Y I N Z Z N D K C O L F Z N Q N Y A A N
C H T O O M S S E U S O E W S C S C Y I A E
K E B S A V O U R Y N E C K E G A T T O P P
R T T P E W E Y T V U X L D M I Q S D I K Q
T E D M T E R E A T N B Q Q L I X X E I B N
U W G R J I L G N I S S E L B O D K T Q H N
H A H D A R G S T V J E S R U C O B V D X G
H C H H L R A J W Y G L O R D Y B D G G M N
```

WORD LIST

ANTIOCH	LAODICEA
ASIA	MACEDONIA
BABYLON	PERGAMUM
CAESAREA	PHILADELPHIA
CENCHREA	PHILIPPI
COLOSSAE	ROME
CORINTH	SARDIS
EPHESUS	SMYRNA
GALATIA	THESSALONICA
JERUSALEM	THYATIRA
JUDEA	

MISSIONS OF THE CHURCH

```
A I T A L A G R J J A L T Q H E N H A H
D R G S T V J E B N V D X G A T H A C H
L R A J W Y R G T B D G G S A H M I N C
O E P C W U F I O Z G A S I D E V S I G
I C V E S A O K K J R O H M C S Y A L O
X C O A R C R M Y I L P S A T S V L A V
V S L R H G V S T O L J B C P A O L O O
S E I A I P A A C E V A K E H L H G D S
M U S H X N Y M D G B D L D J O D V I O
J U S C N H T A U Y B X Z O M N O M C N
I U Y E T Y L H L M M M I N H I B K E C
E Z D E H I F O V K I T D I V C H I A G
A M D E H P N T R E R L R A A A Y E O V
K S O P A V E S Y K W E Z J Z G S V A U
X C S R H S P N K A A K I Y N A O L C S
A E R H C N E C C L I U A O R P F E G M
Z T Y M F I P P I L I H P E S M Y R N A
Y D U P U S I D R A S U A O O I T V L B
```

WORD LIST

AUTHORITY
BESEECHING
BESOUGHT
BUILT
CAPERNAUM
CENTURION
CERTAIN
DEAR
DIE
EARNESTLY
ELDERS
ENTERED
FAITH
FRIENDS
GREAT
HEAL
HEALED
HOUSE

ISRAEL
JEWS
LOVETH
MARVELED
NATION
READY
RETURNING
ROOF
SENT
SERVANT
SICK
SOLDIER
SYNAGOGUE
WELL
WENT
WORD
WORTHY

THE CENTURION'S SERVANT IS HEALED

```
Y L T S E N R A E A L L T I V U M Q
G D R O W O C K S I C K L J N R U H
T R E A D Y H T R O W W M E Z E A T
A B G Q Y E U G O G A N Y S W T N E
E K S R E D L E W N O I T A N U R V
R A D E L E V R A M J P Y B H R E O
G S E R V A N T Y E Q U S U T N P L
I R E I D L O S A R O O F I I I A H
O W I S Y B E S O U G H T L A N C S
Y T I R O H T U A E E S G T F G D D
L Y A A A W M R I N O I R U T N E C
A J W E N T U D D E R E T N E A X T
E E Q L M K N I A T R E C I R Q X N
H W G N I H C E E S E B R O W S R E
O S Y J D E L A E H L F H O U S E S
```

WORD LIST

ANANIAS
ARISE
ASTONISHED
BAPTIZED
BEHOLD
BIND
BLINDED
BOUND
BROTHER
CHILDREN
CHOSEN
CITY
DAMASCUS
DESIRED
DISCIPLES
EVIL
FELL
FILLED
GENTILES
HEARD
HEAVEN
HIGH PRIEST
HOLY SPIRIT
HOUSE
I AM
ISRAEL
JERUSALEM

JESUS
JOURNEYED
JUDAS
KINGS
LED
LETTERS
LIGHT
LORD
PERSECUTEST
RECEIVED
SAINTS
SAUL
SCALES
SENT
SIGHT
SLAUGHTER
SPEECHLESS
STRAIGHT
STREET
SYNAGOGUES
TARSUS
THREATENINGS
THREE DAYS
TREMBLING
VESSEL
VOICE
WHO ART THOU

SAUL IS CONVERTED

```
M L O R D H B R O T H E R Y T I C B I L
D D E Y E N R U O J O D L P S T P O T L
E T S V H S I W U S A E S E E H T U S E
D H C H S E V B G M S L S S T R R N E F
N G H H I N E N A S A I E K U E E D I L
I I O E N T I S E U R L S E C A M J R E
L L S A O K C V G A P S H V E T B H P T
B A E R T U I H S I E E I I S E L O H T
W S N D S K T T C L A A G L R N I U G E
J U U P A E R S H V M V E S E I N S I R
E S U L R A I C E A O J N Y P N G E H S
R R U O I D E N N I S E T N D G S T C R
U A M G H E D A C E J S I A L S A H H E
S T H U P T N E L I I U L G O L I R I C
A T N S S I T A R S S S E O H S N E L E
L R C I A M C R J I G R S G E T T E D I
E A G S Q S N G A U S A A U B R S D R V
M H D E L L I F Y O D E Y E E E O A E E
T T I R I P S Y L O H A D S L E M Y N D
C X M D E Z I T P A B W S V A T M S T D
```

WORD LIST

ACCEPTED
AFRAID
BED
BEHAVED
BLOOD
CAPTAIN
DANCING
DAVID
DECEIVED
DEPARTED
DISPLEASED
ESCAPED
FATHER
FLED
GOD
HAIR
IMAGE
INNOCENT
ISRAEL
JAVELIN
JONATHAN
JUDAH
KING

LORD
LOVED
MESSENGERS
MICHAL
PEOPLE
PILLOW
PROPHESIED
SAUL
SERVANT
SET
SICK
SIN
SINGING
SLAIN
SMITE
SMOTE
SPIRIT
TIMBRELS
WALL
WINDOW
WISELY
WOMEN
WORKS

SAUL BECOMES JEALOUS

```
I O D E P A C S E J A W T J U D A H
L M S M O T E L A D A N C I N G Q Z
A T A G O D P V P L E S L A I N N M
H N U G T O E S L C D I V A D N I W
C A L X E L K B O D I A R F A K A I
I V F P I R L N N A H T A N O J T S
M R A N O O N A C C E P T E D T P E
D E T W O I W I N D O W O M E N A L
E S H D D D M E S S E N G E R S C Y
C D E T R A P E D R B S I N G I N G
E K R O H F L E D E I S E H P O R P
I I L L O V E D D E V A H E B N I S
V N U E S L E R B M I T H S M I T E
E G D E S A E L P S I D T I R I P S
D P I L L O W K C I S R A E L E T S
```

WORD LIST

ABARIM	HOREB
ARARAT	MIZAR
BASHAN	MOREH
BETHEL	MORIAH
CARMEL	NEBO
EBAL	OLIVES
EPHRAIM	PISGAH
GERIZIM	SEIR
GILBOA	SINAI
GILEAD	TABOR
HERMON	ZION
HOR	

MOUNTAINS OF THE BIBLE

```
H E R O M W C E S U T I P M X
N O D R C A B V D T M E M L N
O O F R R A V W A W I P O I N
I C I M L U O B A S Z H R D N
H T E Z G I O O E Z I R I R A
C L M M H R B V X X R A A A H
N K H W Q L I L O I E I H Z S
H A T Z I L E B X X G M I I A
O O R G O H E A B A R I M M B
R N C A T N S V Y N S O V B A
E B G E R D B H H E R M O N I
B M B T J A G T O I A N I S E
H A G S I P T T L R G N H C N
Z D D A E L I G C C X U J E K
J O V C Q Y G D R I E S R P L
```

WORD LIST

ALONE	MAN
AMAZED	NAZARETH
ASTONISHED	OUT
AUTHORITY	PEACE
CAPERNAUM	POWER
CITY	REBUKED
COME	SABBATH
COMMANDETH	SPIRITS
DEMON	SPOKE
DOCTRINE	SYNAGOGUE
DOWN	TAUGHT
GALILEE	THROWN
HOLY	UNCLEAN
HURT	VOICE
JESUS	WORD
LOUD	

THE DEMON OF CAPER-NAUM FEARS JESUS

```
H T H G U A T K R T D D L A R T T X X Q
U D E K U B E R D E R S U I H A Y C Q C
B M S P O K E O M U O U P O T S B T M Z
P N A G O G C O H C N E H L E T I I U W
Q Q W N E T N O F A A H U Q D O O M A D
A T X O R I Y I N C T Z Z N N N Z N N Q
M Y S I D A Y A E E N E C N A I E U R S
A O N P E W S T R C U C W Y M S I A E E
Z E K E I B P A I G H O L Y M H R T P E
E E T V U R Z X O C R L I A O E Q Q A T
D L E E D A I G M H T E N U C D B Q C Q
X I X N N I A T T B D N U T W G R J L T
Q L H N O N H A S H R D R H V G S T V J
B A V D Y L X G H C O H L O R R A J W Y
G G O S B D A G G L W M I R N E C O E C
W F U O Z G D V I G O C I I C W V A J K
K H T A B B A S J C E U Y T O O O E X C
R M Y S T V L V V S V S D Y M P S J P O
L O I A P V N A E L C N U K E U H H G S
S H X G D L J D V O U C N B S X Z M O M
```

WORD LIST

CAESAR	CLEMENT
CAIAPHAS	CLEOPAS
CANDACE	COLOSSAE
CARPUS	CORINTHIANS
CHRIST	CORNELIUS
CHUZA	CRESCENS
CLAUDIA	CRISPUS
CLAUDIUS	CYRENIANS

NEW TESTAMENT NAMES THAT BEGIN WITH "C"

```
T S I R H C G C Q C F C V T Z B N Z
K N A D L K L W M X O Q S L C N S S
T U Q C Q A I T W D P R U W O O N B
E C K Q U F S Z P L A S I X R D A C
I Q L D N O R L K S F C L T I O I S
Q X I E J W U T E L F R E Z N S N S
U U K D M T F A O S P E N U T Y E L
S E S P I E C B A N W S R P H G R G
C H C X W R N H D P M C O E I H Y Y
X A O O I L P T Y X V E C V A H C P
Y P R S L A F Q P F S N G S N P H C
N S P P I O W S U T I S A P S M A X
O U D A U R S C V D L P N O F N R V
S W C W I S N S I C O U O D D H C T
G I Z C M M H X A E X N K A H H W Q
I A I D U A L C L E T Z C X U X I O
N C S V Y N S C O V B E A Z B G D B
I M T J G T E T L G N H A C N Z D C
```

WORD LIST

AARON	LAW
ABRAHAM	MOSES
BETRAYERS	MURDERERS
BUILT	NATION
CALF	PERSECUTED
DAVID	PRIEST
DISPOSITION	REST
EGYPTIANS	SINAI
FATHERS	SOLOMON
GAVE	SPIRIT
GOD	STIFFNECKED
GODS	TABERNACLE
HEART	TREMBLED
HOLY	UNCIRMCUMCISED
HOUSE	UP
ISAAC	WISDOM
JACOB	WONDERS
JOSEPH	WORSHIP

STEPHEN SPEAKS OUT

```
S H S P N K A A K I Y N N O L C S H C L P I
U D A P R I E S T O P F A E G E E M J U Z T
Y M I F Y D U U P U U O T O I A V A T V L B
U M N V T F V L N S N T I H R W C A T T P N
V H U O A A D E C C O H O T H O S X G W I A
W D O R I D B M G F I L N A B A M D R M H I
O E B U D T S E A Y V R O X V G H H O F S P
N L Z E S E I G R H P S C M J S P X T G R D
D B P Q T E R S X N A T T U O O E R U Q O E
E M K E I R E E O M A R I I M N S S V C W W
R E Q Z R I A E R P I C B A F C H E O B W M
S R S H A S S Y O S S M L A N F I B P M N Y
A T P B S J E A E Z R I O E L S N S I H O H
F Y I H U K P C A R S E D D Z X W E E J R M
C N R O G I X M U C S I S C S M N Q C D A H
K X I L J O L Z A T H V N T A I V V D K A P
Y S T Y A T D T S R E H T A F L W J X C E M
E P E M Y H W A L L R D K Z I F F G P C C D
```

WORD LIST

ALOES	LINEN
ARIMATHAEA	MIXTURE
BODY	MYRRH
BROUGHT	NEVER
BURY	NEW
CLOTHES	NICODEMUS
CRUCIFIED	NIGHT
DAY	PILATE
DISCIPLE	PLACE
FEAR	POUNDS
FIRS	PREPARATION
GARDEN	SECRETLY
HUNDRED	SEPULCHER
JESUS	SPICES
JEWS	TAKE
JOSEPH	WEIGHT
LAID	WOUND
LEAVE	

JESUS IS BURIED

```
J C Y O R X S E O L A C R M Y S P R T V
L V V S E S P I C E S V G S J L L A S P
O L O I H A C P V K H A H G A E H E U S
D B S J C X G R D L R J D C A V U F M O
I R U C L N D B U D X Z E V M O N Y E N
A O M N U Y I I E C Y Y E M M I D D D E
L U H T P R B N S K I Z E F V K R O O W
I G T A E U D D V C H F I N J G E B C A
W H D K S B T A R E I R I L E E D R I A
E T Y E O V K Y S V S P Y E K N S W N E
I Z Y L T E R C E S J Z L G D V I U A U
G X W S C S E H T O L C J E W S S L S H
H S O R P N K A A K A E A H T A M I R A
T I U I N E V E R Y N O L E T A L I P C
S C N F L I U A O P H R R Y M F E G M Z
T Y D N O I T A R A P E R P M F Y D U P
U U O O E R U T X I M I T V L N I G H T
B J O S E P H U F V P O U N D S L N T H
```

WORD LIST

PATROBAS
PAUL
PAULUS
PERSIS
PETER
PHANUEL
PHARISEES
PHILEMON
PHILETUS
PHILIP

PHILIPPIANS
PHILOLOGUS
PHLEGON
PILATE
PRISCILLA
PUBLICANS
PUBLIUS
PUDENS
PYRRHUS

NEW TESTAMENT NAMES THAT BEGIN WITH "P"

```
F S U L U A P S P Z P P L S S X D C I Q
N O K L K F P H T U O S P Q U P X J S W
U T X F Z I I S D S U E K D G H P T N F
O P U Y L L L E E S R S P I O I Y B A N
W P G I E G N H X S A S W D L L R P C M
E H H M Y S X O I B U S L Y O I R X I V
V P O H P Y P S O I E F Q P L P H F L S
G N P H N S P R L E W S P U I P U T B I
P M X O D H T B S R L C E P H I S V U D
L N O F A A U I R U V W T R P A W I P N
I C U N P P R O A D H T E I G N I Z C M
M H U X X A N P K H W Q R S I S T Z X X
I E O N H C S V Y N S O V C B A B G D B
L I M P T J G T E T L G N I H C N Z D C
C S U J E K J O V C Q Y G L D R P L M D
R N O G E L H P W L W D S L H K R D L A
R T T S U T E L I H P X X A Q U S U I Y
C Q C B U O O B T Z E T A L I P P G Q G
```

Word Search 62
Based on Acts 8:26-40

WORD LIST

ANGEL

AUTHORITY

AZOTUS

BAPTIZED

BELIEVE

CANDACE

CAUGHT

CHARIOT

COMMANDED

DESERT

DUMB

ETHIOPIAN

EUNUCH

FOUND

GAZA

GUIDE

HUMILIATION

ISAIAH

JERUSALEM

JESUS

JOIN

JUDGMENT

LAMB

LIFE

MOUTH

PHILIP

PRAY

PREACHED

PROPHET

RAN

READ

REJOICING

SCRIPTURE

SHEARER

SHEEP

SOUTH

SPOKE

STILL

TREASURE

UNDERSTANDETH

WATER

WORSHIP

PHILIP AND THE ETHIOPIAN

```
R E R A E H S J I E Z W J H U N Z P C X P V
D E Z I T P A B C E O D A Q I O H U H E G K
N H S U H L G A T R P Z D H U I I N P R Y F
S O G A Z A D H S R O N A G L T A D R K T R
U M G Z H N I H T T U I N I L A O E E E I M
S I C N A O I V U O A I P D R I F R A Q R O
E J M C P P Q S F S C M F I E L R S C H O U
J B H I L I F E I I E G Q V D I N T H C H T
L O A P R A Y T O L C U E R G M G A E U T H
O N D U M B R J A S T I H X S U R N D N U L
S E E F V E E S C H L K V J C H Q D P U A B
D O R E A R U Y G E E C M Z R L T E B E U S
A R U S D R C U B P X R R Z I L O T Q S G P
E O U T E I A D R E F M L J P I I H I N P O
R R P J H C U N N E C V E R T T R T U I L K
E G L Q T K A G F H O W G L U S A U W O A E
I T N E M G D U J S B F N Q R S H L A J M V
P L S C B R J C D J S Y A E E X C T T N B K
I W O D E D N A M M O C Z T T R E S E D A K
Y E N K E Y H I C M T E H P O R P X R W M R
```

WORD LIST

ACCORD
APOSTLES
BELIEVED
BEWITCHED
BITTERNESS
CITY
CRYING
FORGIVEN
GALL
GIFT
GOD
HEALED
HEART
HOLY
INIQUITY
JERUSALEM
JOHN
JOY
KINGDOM
LAME
LAYING
MIRACLES

MONEY
OFFERED
PEOPLE
PERISH
PETER
PHILIP
POSSESSED
POWER
PRAYED
PREACHING
RECEIVE
REPENT
RIGHT
SAMARIA
SIGNS
SIMON
SORCERY
SPIRIT
SPIRITS
UNCLEAN
WICKEDNESS

SIMON THE SORCERER

```
T K L J Y G D N O M I S S J X N N Y E N O M
F G L G T N J E T E I S P E T E R V C N D R
I R X O I I P B L L V Q I N G P A R M D E E
G B Q D U H H L E A V A R G R I Y F I E S P
X E Y C Q C I U Z W E P I U N I O W R Y S E
P L N R I A L F T B I H T T N S F O A A E N
L I A Y N E I I H W V T S G L H F L C R S T
I E W P I R P G R V T H C A B R E L L P S H
S V T V O P M E J D T J Y H E L R M E W O P
O E D R Y S C W O A E I N W E E E S S T P D
R D G L A E T X Z R N L O D H D D C A N U W
C A O E I E Q L U G L P F A C C O R D H B T
E H B V M P H S E A N S S E N R E T T I B H
R C E O K A A M G S E R U F A I R A M A S G
Y I R L F L L H T M E L P O E P J C N P T I
Y T O I E S S E N D E K C I W H S I R E P R
S Y C M N E V I G R O F D S P I R I T N E K
E K I N G D O M Y O J U N C L E A N N H O J
```

Word Search 64
Based on 1 Samuel 4:1-5; 18

WORD LIST

AFRAID	HEBREWS
AGAINST	HOPHNI
APHEK	ISRAEL
ARK	MESSENGER
ARMY	NECK
ARRAY	NOISE
BATTLE	PHILISTINES
CAMP	PHINEHAS
CHERUBIM	PLAGUES
COVENANT	RAN
DELIVER	SAMUEL
DWELLETH	SEAT
EARTH	SHILOH
EBENEZER	SHOUTED
EGYPTIANS	SLAUGHTER
ELDERS	SLEW
ELI	SMITTEN
ENEMIES	SMOTE
EYES	TENT
FETCH	TUMULT
FIELD	WILDERNESS
FLED	WOE
FOOTMEN	WORD
HEARD	

THE PHILISTINES CAPTURE THE ARK

```
P Y S A A T E T E E I N H P O H N E M Y S H
L R K R Z N A F A O G P C C Y T T A B C E O
B S R Q E E U R F J W V W S A N H E R X N B
X A D M S D T W E S X P R E A S B Q B A I S
Y T I E D H V F I V E E F N L E B L P N T P
U E U Z L W Y W R L D U E H N S Q H O X S K
S M C M R I E E O L D V G E D L E I E L I V
E L I H U E V L E R O E Z A G K S N S E L R
N U M M E L T E L C D E R M L E E A C A I O
S E M R S R T H R E R P G N F P L D K R H Q
A H M E K S U N G G T B E Y E I F W N S P F
Z Z O T S A J B I U Z H A Y P S E J H I U H
I Z T U O S F C I X A H P T E T S L V D E S
L I S S T O E R H M F L O E T S I N D B G A
E N M H N E F N A H S E S L U L E A R H L H
G P O E U I D C G I Y I T R I T E E N E F E
R A T A K R A T A E D M M C T H W G U S Z N
T L E R O E I G N M R C R I H S S M K R A I
V D R D F Q J M A E P Q M A F I A R B H G H
D K C E N D E L F U T S R G G S O S H X R P
```

WORD LIST

ABADDON
ACHAICUS
AENEAS
AGABUS
AGRIPPA
ALEXANDER
ALPHAEUS
AMPLIATUS
ANANIAS
ANDREW
ANDRONICUS
ANNA
ANNAS
ANTICHRIST

ANTIPAS
APELLES
APOLLOS
APPHIA
AQUILA
ARCHELAUS
ARCHIPPUS
AREOPAGITE
ARETAS
ARTEMAS
ARTEMIS
ASYNCRITUS
AUGUSTUS

BIBLE NAMES THAT BEGIN WITH "A"

```
A H D R G S R T V S J A B V D X A G H C
H L R A S J E W Y U G N B D G Q G M T A
N C O E U C D W F T O A Z G U D A V S P
I A G I T V N A A I K N K I J C C Y I P
O R X C A R A M R R Y I L S T V H L R H
V C V S I V X S T C J A P O L A A O H I
I H A P L V E K E N A S H H G N I S C A
S I H A P L L G M Y N D N L J D C D I V
O P U R M C A N A S N B O X Z R U M T O
A P M E A N I G S A A Y D Y M E S M N I
R U H T B K A Z E R F V D K I W T D A V
T S S A H B I G C A D T A R E R L R A Y
E O A S U V K H S V S Y B A P O L L O S
M K E S W E E Z J Z G V A A U X C S H S
I P N N K L A A K I S U C I N O R D N A
S Y E N A O L C S C L I S E L L E P A U
A O A U P S U T S U G U A F E G M Z T Y
M F S Y E T I G A P O E R A D U P U U O
O I T S U E A H P L A V A N N A S L B U
F A N T I P A S V L A G R I P P A N T H
```

WORD LIST

BABYLON
BEAST
DRAGON
EPHESUS
FALSE PROPHET
GREAT WHITE THRONE
JOHN
LAODICEA
LITTLE BOOK
NEW JERUSALEM

PERGAMOS
PHILADELPHIA
REVELATION
SARDIS
SEALS
SMYRNA
THOUSAND YEARS
THYATIRA
TRUMPETS
TWO WITNESSES

JOHN'S REVELATION

```
X S I N Z I A E C I D O A L S L G C U C
F K R H E L A V N J Q D N L U C Q N Q Y
Q G F A L N X X O L L I A M K M O U Q M
S X A J E K O R P D I E X R S L U X O B
T F L N H Y E R R E S T R W Y A A J C A
R L S J O S D A H I R R T B P I R L Y M
G L E F B I G N Q T L G A L H I M D W C
T L P M R O T Z A H E B A P E E S T I L
D S R Y N D G A V S P T L M L B I P G S
A E O Z B A R R L J U E I A O E O G Z J
N S P M T E B A Z E D O S H S S N O S D
F S H J I E S E N A V U H L W V V W D K M
I E E Q A B B U L R R E A T P T D X N J
Q N T S H E N I S E Y C R R N X A G K G
X T T R W Y H Y J E N M V U I L E E S W
G I X E N P K W N O H P S Z E T X R R J
L W F O P H E B W B H P U D I B A B U G
G O U Z F N T J B P R N E K S T H Y M T
U W T R U M P E T S W E S C Q B V T H Z
F T Y Y A T S R B X R Z V W C Y N M Q T
```

Word Search 67
Based on John 20:11-18

WORD LIST

ANGELS
ASCENDED
AWAY
BODY
BORNE
FEET
GARDENER
HEAD
JESUS
KNEW NOT
LAIN
LOOKED
LORD
MARY
MASTER
MY FATHER
MY GOD
RABBONI

SEEKEST
SEEN THE LORD
SEPULCHER
SIR
SITTING
STANDING
STOOD
STOOPED
TAKEN
TOLD THE DISCIPLES
TOUCH ME NOT
TURNED
TWO
WEEPING
WHITE
WOMAN
YOUR FATHER
YOUR GOD

MARY MAGDALENE
SEES JESUS

```
R H Q X K M E T D L E V E L I G N S R U
M M M E A C O R O S P L D K Q A K S N G
F W N Y E F Z Z S N W E E P I N G J I Z
J T H T D N U M S E E Z C X P V D L Q I
H M O E S O R G Y E E M K N H S A U D H
Y R A L L E B O G G P N H P U I D I E R
O E F S D R K O B R O U T C N A K R P R
U H M G T T E E Z S H D L H U T L O O E
R T I C N E H H E V U A S C E O D R O L
G A F Q J M R E T S Q S S I H L T F T I
O F R B H G Q D D A K F E C T E O D S N
D R L O C D O I W I F N E J E T R R U R
A U G G T O E W N H S Y E E A N I G D O
E O A S T U O K H O I C M W T W D N X R
H Y R S L M R E O A B T I E N R A E G F
V C D K A V A N J O N B E P I O Q Y D P
B R E N Y E C R E M L G A S L Z T O B U
R C N X R R Z Q Y D S G E R O E D R W F
M J E I P G N I D N A T S L P N S N C T
V R R U G L N E K A T Q T K S A F O W L
```

WORD LIST

AFRAID	FULFILLED
AWAIT	GATES
APOSTLES	GRECIANS
BARNABAS	JEWS
BASKET	JOIN
BOLDLY	KILL
BROUGHT	PREACHED
CAESAREA	REST
CHURCHES	SAUL
COUNSEL	TARSUS
DAMASCUS	WALL
DISCIPLES	WATCHED
DISPUTED	

SAUL ESCAPES DANGER

```
W D P T I A W A D O W C A E S A R E A L
S X D C I Q N A O A K L J K S F F T O S
Q X J W U T M X L F Z E S S E U U K D N
T F B O P A U L Y L W S E S L L P I E A
N W P R S G G H X S A W D P P F M E T I
G Y X C O O L Y X B V V H P I I Y P U C
A Q U P F U S Y A G S P H N C L S W P E
T S U T I P G N L E M A X O S L D R S R
E V D L N O R H L D F R F P I E V W I G
S I N I C A U T T O L D H R D D T G D I
Z C M L B M S H X X N O K E A H W Q I C
S Z X X U O I O N C S V B A Y I N S O O
U B A B P A G D B I M T J C G T D U E T
S G N A H C S N Z D C C X H U J N E K K
R O V C H U R C H E S M D E R S W I L T
A D E H C T A W S H K R D D E L L A R S
T X X Q U S U T E K S A B L I L Y C Q E
B U O O B T Z P G Q G H N I O J C N L R
```

Word Search 69
Based on 1 Kings 6–8 and 2 Chronicles 2–7

WORD LIST

ALTAR	LIONS
ARK	MANNA
BASIN	MERCY SEAT
BRASS	NAILS
BRONZE	NETS
CANDLESTICK	OXEN
CEDAR	PALM
CENSER	PARLORS
CHAMBERS	PILLARS
CHERUBIM	PORCH
COURT	POTS
CUP	ROD
FIR	SHEWBREAD
FLOWERS	STAIRS
GOLD	STONE
HOLY PLACE	TEMPLE
LAVERS	TONGS
LENTEL	VEIL
LINEN	WINDOWS

KING SOLOMON'S TEMPLE

```
O B T Z E P G Q S G N O T G H C N L I O I W Q Q
E O F A Z U Q O M D C T T X I Y I N X A Z Z N Z
N Q F Y N A A N C H E A U P A L M E S N O E D W
S C C I O Y I A A S L E N T E L N E K N E B A P
R A T E R T V M R U X S L I Q Q T E D A M T E E
N R B Q B Q B E X X I Y B N U W G R S M R J R L
T K Q H N E W H A H D C R G S T V R J B A P B V
D X G H R O N I S A B R C H R L O R R A T U W J
W Y G S L B D G S G M E N A C L O S E E L C E C
N W F F O Z G T D V I M D G R I T V A S A K H K
A J C Y O X O S C R N E M A Y A S T V L N V S V
I S V S J P P O W L C E P O I I A P R O D E V K
L H H G S S H X G O D L T R J D T E M P L E C V
S R A L L I P O U C D N S S B X Z M O M N I Y Y
M M I C H E R U B I M N H B E C A L P Y L O H K
Z N E N I L E F V K I T I D V H I G E N O T S A
D T R E R L R A B R A S S W Y O V K S V G O L D
S Y K W E K C I T S E L D N A C L A V E R S Z J
Z G V A U X C S H S P T R U O C N K V E I L A A
K P O R C H I Y N O L C L I O N S S C L I U A O
```

WORD LIST

ALPHA	RANSOM
ANCHOR	ROCK
BALM	ROD
BRANCH	ROOT
BREAD	SANCTUARY
CORNER STONE	SEED
DOOR	SHIELD
ENSIGN	STONE
FRUIT	STRONG HOLD
HORN	SUN
LAMB	SWORD
LIGHT	VINE
LILY	WATER
LION	WAY
MORNING STAR	

SYMBOLS THAT REPRESENT THE GLORIOUS CHRIST

```
U Y D E E S L E S D P I B N W P R G
G H E N O T S R O X W D P M C E A D
H Y V I N E A O X O T L Y X O L T L
V V H P Y N R A P F O Q P F R I S E
S G P H S N S L W S O B U T N G G I
O P M O N X O P D M R R R C E H N H
V D M L G N O H L F Y A R V R T I S
W W I N I I C A U R O N D H S T N G
I Z C M S M B H A S X C X N T K R H
W W A Q N I T U Z X W H S X O I O O
A N C N E S T Y V Y N O T S N O M V
T B A B C C G D A B H O R N E I M T
E J G T N H D E T W L G O D N H C N
R Z D A C C O A X U J E N K J O V C
Q Y S G D R P R E L M D G R W L W D
S H R K R R D L A R R T H Y L I L T
X O X O B Q S U N U B S O U I Y C Q
D C C M B U O O B T Z P L G Q G H C
N K A L I T I U R F I W D Q Q E O F
A L U Q O M D T X I N O I L Y I N Z
```

WORD LIST

ANOINTS
APPOINTS
BAPTIZES
BEARS FRUIT
BRINGS JOY
COMFORTS
DIRECTS
DISCERNMENT
DWELLS
EMPOWERS
FILLS
GIVES GIFTS

GLORIFIES
GUIDES
HELPS
INDWELLS
LEADS
REGENERATES
REPROVES
SANCTIFIES
SEARCHES
SPEAKS
TEACHES
WITNESSES

THE MINISTRY OF THE HOLY SPIRIT

```
O V K S V S Y K W B E Z J Z G V A U X C
S S H S P N K A E A K I Y N O R L C S C
K L I U A O P A F E G M Z Y T E W Y M F
A S E I F I R O L G Y D O T U G I P U U
E O O I T S V L B U S J N S S E T F G D
P V L N F T H W A T S E T E T N N N I W
S V D R S C H N R G M S Z H H E E X V E
W A U L F A O O N N E I A C M R S R E L
M I L I S I F I R H T V X A V A S G S L
T I H H N M R E C P F P Z E G T E P G S
F X T T O B C R A D Q X R T U E S I I R
Q E S C K S A B I E M V C W Q S Z N F E
S E I H I E B W M H A O B Y A S J D T P
D Z L D S I H F S R E W O P M E Y W S R
A K P Z X W S P L E H J M C N X M E M O
E N Q H K X J Z A S T N I O P P A L H V
L S E I F I T C N A S E D I U G V L V E
V D P Y S T C E R I D S A T J X C S M S
```

WORD LIST

APOSTLES	LORD
BAPTIZED	PATRIARCH
CHILDREN	PETER
CHRIST	PRICKED
CORRUPTION	PROMISE
CRUCIFIED	PROPHET
DAVID	RAISED
EXALTED	RECEIVE
EXHORT	REMISSION
GENERATION	REPENT
GIFT	RESURRECTION
GOD	SAVE
HEART	SINS
HELL	SOUL
HOLY	TESTIFY

THE RESURRECTION REALIZED

```
B L E B K N C H R I S T D A Z L P C
T N E R D L I H C H E L L J R B F C
T L W W Z R W I U A V N M C E T W W
X R A G K C O T B Y O D L O S W A K
A I O M I D R A E I S O O D U A G P
D P V H E F P U T S R Y E G R L E C
L O A S X T T P C D T K E D R R N V
J J I T I E U E D I C I Y M E Q E V
R A D Z R R D D H I F L F M C O R F
R E E I R I R E R P O I I Y T X A P
E D P O V E A P T H O S E P I L T R
V H C E C A Q R A L S R E D O U I O
A G E E N B D S C I A T P X N O O M
S J I A E T N O O H E X R N I S N I
L V H B R I E N Z R O J E K Z V O S
E W R T S T S E L T S O P A E R P E
```

WORD LIST

ABOMINATIONS	JUDGES
BOOK	KING
CYRUS	LORD
DARIUS	MANTLE
DECREE	MOSES
DEDICATION	OFFERINGS
DUNGHILL	PASSOVER
FAST	PRAYER
FATHERS	PRIESTS
FEAST	PROPHETS
FREEWILL	RECORD
GOD	REQUIRE
HAGGAI	ROLL
HEAVEN	ROSE
HOLY	RULERS
HOUSE	SEED
ISRAEL	TIMBER
JEREMIAH	TRESPASS
JERUSALEM	UNLEAVENED
JEWS	WRATH

IMPORTANT WORDS
FROM EZRA

```
C L E A R S I S J X H O C J D X L I N Z
R C N F C Q R E S A M S E C E A I G O B
E D P P L E R R G T E W W T N B D W I P
Y E M B H E E G J S S S R S E O U K T K
A E Q T M L A A O L T E U A V M N L A H
R S A I U I S M B E V M C F A I G A C E
P F A R P E J T H O E I R N E N H Z I A
X H W O S B N P S L O E A L L A I T D V
D Z I U R O O S A E B K O O N T L L E E
E K O L N R A S L M I R Z F U I L T D N
C H U N P P U T I H D R A F Y O O L W X
R O R D Z R N T X T O O P E U N Y L O H
E T E O E A A D M A D B T R E S P A S S
E T C J M Y I C F R X H T I X J U C N W
N K O H N G N I K W U A I N R O S E X O
M E R I U Q E R F E A S T G S U R Y C D
G N D L L I W E E R F W M S D A R I U S
L L O R C R M L Y A S E G D U J D O G U
```

WORD LIST

ANANIAS	KEPT
APOSTLES	LAND
BACK	LIE
BURIED	MEN
CARRYING	PETER
CHURCH	POSSESSION
DIED	PRICE
FEAR	SAPPHIRA
FEET	SATAN
FELL	SOLD
GOD	SPIRIT
HEARING	WHY
HEART	WIFE
HOLY	YOUNG
HUSBAND	

A COSTLY LIE

```
X U J T E E F E H K J L R O V C Q Y G D
R M D I E D P E L M D A A R S P S W A L
W D E S H K A R K D L N E A E O A R R T
T X X N Q R U S E U R D F I L S T Y I C
Q C B U I O O B P T Z E H P T S A G H Q
G H Y N C N L I T S I C T W S E N Q P Q
E O G O F A H U A Q R O D E O S M D P T
F X H I U E T I Y U I L I C P S N Z A Z
E N Z U A N N I H N O L Q A A I Y A S A
L N C R S A G C R S E U S R O O E W R C
L C T Y N B I A E I K E B R P N R T E T
V U X A L I A Q Q G P T E Y P R I C E D
M T E N E B Q N Q X O S X I W K C A B I
B N U F W G R J D L T D Q N H H N H A H
D R I G S D E I R U B T V G Y J B V D X
G W H C H L R A J W Y G Y L O H B D G G
```

WORD LIST

ABEDNEGO

ACCUSED

BABYLON

DULCIMER

DURA

FIERY

FLUTE

FURNACE

FURY

GOLDEN

GOVERNORS

HARP

IMAGE

JUDGES

KING

MESHACH

NEBUCHADNEZZAR

PRINCES

PSALTERY

RAGE

SACKBUT

SHERIFFS

WORSHIP

DANIEL AND HIS FRIENDS

```
X D E G A M I C A I K Q N O K L K F T O
S N O L Y B A B O I X J F W S N U T X F
Z S S U K D E T N F O I P U R E S Y Y L
E S P I B D N G W P E E G G O B A H R X
W D P M N E E H Y R T P X H N U C O E L
Y X V E V S H P Y U I Y C P R C K F T Q
P F G S G U P H L H S A N S E H B W L S
U O T I P C M F S F H X H O V A U D A R
G C V D L C N R F S O F A D O D T R S V
O W W I N A O I E I C U R U G N O D P H
L T G I Z W R M C M M H P L X E X N K H
D W R Q I E C A N R U F T C Z Z X X I O
E N A C H S S V Y N S O V I B Z A B G D
N B G S I E M T J F U R Y M G A T E T L
G N E H G C N Z D C C X U E J R E K J O
V C Q D Y G D R P L M D R R W L W D S H
K R U D S E C N I R P L A R T T X X Q U
S J U I Y C Q C B U O O A R U D B T Z P
```

WORD LIST

LAADAH
LABAN
LADAN
LAEL
LAHAD
LAHMI
LAISH
LAMECH
LAPPIDOTH
LEAH

LEBANA
LECAH
LETUSHIM
LEVI
LIBNI
LIKHI
LOT
LOTAN
LUD
LUDIM

OLD TESTAMENT NAMES THAT BEGIN WITH "L"

```
W H A F K L Q L O R X T G Q C F C V
T Z B H N Z K N A D L K W M L X O M
Q L N S A T U Q D C Q I M T A W D I
P W O B E D K Q F U S Z I P P L S D
X D C I Q N A O K L L L H K P F T U
O S Q X N J W A U H T O S X I F Z L
S S U M A D T F L C O T U P D U Y L
E S P I D B N W P E G A T G O H T X
L W L D A P M E H M H N E Y T X O O
L E Y A L X V V H A P Y L L H P L F
Q P V F I S D G P L E C A H A H N L
S W S I U S T A I P M L X O D H A R
C V D L N O H F H R V I W W I B M N
I C I U O D H T G A H I Z C A M M I
H X X N N K H W Q K L I T N Z X X I
O N C S B V Y N I S O V B A B G D B
I M T J G I T L L E A L E T L G N H
A N A B E L L C N Z D C C X U J E K
```

WORD LIST

AIR	LIFE
BELIEVE	MOISTURE
BORE	MYSTERIES
CARES	PARABLE
CHOKED	PATIENCE
CITY	PEOPLE
CRIED	PERFECTION
DEVOURED	PLEASURES
DOWN	RECEIVE
EARS	RICHES
FELL	ROCK
FOWLS	ROOT
FRUIT	SEED
GATHERED	SOW
GOD	SOWER
GOOD	SPRUNG
GROUND	TESTING
HEART	THORNS
HONEST	TRODDEN
JOY	WAYSIDE
KEEP	WENT
KINGDOM	WITHERED
LACKED	WORD

THE SOWER AND THE SOIL

```
Y T I C B K O M P A T L D O O G O K
S T L I F E O E G L E V S G P S S N
N R S O W I E N A L S D E R E W E N
R A W T S K U C V L T S I M R A R G
O E H T S R K T N E I G R S F Y U R
H H U R P E J S R F N A E O E S S I
T R N S D T N V E D G T T W C I A C
E V X J I T B O E E Y H S E T D E H
W Q D U Z E N R H D D E Y R I E L E
O U R E L B E E N A X R M F O E P S
R F J I V H O U W S V E V Q N S K C
D E E O T O O R L W W D G G O D I H
S V A I Y R U W E R E C E I V E N O
E W W R G X O R E L B A R A P M G K
R A I R S F I X E R D K C R I E D E
A N E D D O R T F D O O C T J U O D
C V E C N E I T A P H O W O V L M D
T K A T E L P O E P E N T N R O N V
```

WORD LIST

BESTOWER	MAKER
COMMANDER	MEDIATOR
COUNSELOR	MESSENGER
CREATOR	PRESERVER
DELIVERER	PROVIDER
FATHER	REDEEMER
GIVER	RESTORER
INTERCESSOR	REVEALER
KEEPER	

OUR TRIUNE GOD

```
R R K J R E D E E M E R
O P E R E K A M R M V R
R R E G E U I E B Q O B
E O P Y L G S G D S E Y
D V E P Z T N E S S I C
N I R V O Y L E T G O B
A D C R E I C O S U I U
M E E R V R W R N S R K
M R N E E E F S E E E I
O Y R T R A E W L V R M
C E N N T L T A Q F I Q
R I A H O K E O L R Y G
P Z E R V V J Z R E L F
L R R M E D I A T O R X
E U P R E S E R V E R A
```

WORD LIST

BARABBAS
BEHOLD
BETRAYED
CALVARY
CENTURION
COCK
CROSS
CROWN
DARKNESS
EARTHQUAKE
FIELD
FINISHED
GETHSEMANE
GREEK
HEBREW
HEROD
JESUS
JEWS
JUDAS
KING

LATIN
MARY
MOCKERY
NAILS
PARADISE
PETER
PILATE
POTTERS
PRAETORIUM
ROBE
SIDE
SIMON
SLAIN
SOLDIERS
SON
SPEAR
THIEVES
THIRST
THORNS

THE CRUCIFIXION

```
S E V E I H T S P E A R J N E M R M E H
L H T O C F J A N H P Z O M K P W E N N
K E R O B E R W I F L M T O A R Z T A N
D B F O R A P S T S I S X H U A E G M W
S R E I D L O S A S S X M X Q E F V E O
C E W I N P S S L E X M T U H T E T S R
A W S F F I L R N V D B D G T O C H H C
L E K D I A S K E E Q L B J R R R N T T
V E I I I E R H Y T O W E C A I O R E S
A Z T N N A L A E H T S F E E U S M G M
R Y F A D G R D E D U O T N S M S D Q K
Y F Z J L T J B T S D Z P T L S A O W I
Z G E M E I K U R E T E P U I N T R S B
D W U B E C P C D S E U F R A R N E I T
S N K E E R G A O A J M T I N O M H D I
S A B B A R A B U C S I X O V H O A E S
E F H D E N Y R E K C O M N Q T H G R U
M D X S L J S O N G T S R I H T W Q D Y
```

WORD LIST

BETHLEHEM
BLESSED
BOAZ
BREAD
COUNTRY
DIED
DRINK
GLEANED
GOD
HARVEST
HOME
HUSBANDS
KINDNESS
KINSMAN

KISSED
LORD
MARA
MOAB
NAOMI
ORPAH
REAPERS
SOJOURN
TARRY
VINEGAR
WEPT
WHEAT
WIFE
WINNOW

THE STORY OF RUTH

```
E B Y R T N U O C P K R T E M T V U
M L J D A Q D Q T E N D M O V H S T
E S N E B R K E Q Q I X A I X A S I
B O N S U R A I I W R B N G R R E J
L J T S Q H E M N D D E N H A V N H
D O G I D R G A S S G T V J B E D V
D U O K X E G H P A M C D W H S N L
W R D R A J N W R E Y A G R I T I B
I N D Z G G M A N C R O N E O F K C
N E N A D E S S E L B S W F O L E Z
N M A O G D V I G L S D N A B S U H
O O O B W E P T I V G A H A P R O K
W H M K J C B R E A D Y O X C R M Y
S T I M E H E L H T E B V L V V S V
S W H E A T J P O T A R R Y L O I A
```

WORD LIST

CARPENTER	MERCHANT
CENTURION	MUSICIAN
COLLECTOR	PHYSICIAN
COPPERSMITH	PRIEST
CUPBEARER	PROPHET
EVANGELIST	QUEEN
FISHERMAN	SCRIBE
HANDMAID	SERVANT
HERDSMAN	SHEPHERD
HUNTER	SLAVE
KING	TENTMAKER

BIBLE OCCUPATIONS

```
W T T N V S E R V A N T D C C
H H X W A F A A H M R M I O S
T V X V G H H E G H F P Z L G
S N P D X P R T A N E D H L Q
E X A R R D R N E V I T U E C
I Q E M S E D O A V I K S C A
R K T M R M H N P M A C I T R
P E A E A E G P S H R L E O P
R N R I N E H R E I E M S R E
N E D A L T E S B H V T C W N
E Q T I E P M E I Z S N E I T
E H S N P B B A W F M A H A E
U T O O U B P Y K A S H J Z R
Q L C I H H F U Y E K C P Z X
W J M C N X M M C N R R Q H K
N O I R U T N E C X J E Z A H
V N A I C I S Y H P V M V D P
Y S A T N A I C I S U M J X C
```

WORD LIST

ADAMANT
AGATE
AMETHYST
BERYL
CARBUNCLE
CHALCEDONY
CHRYSOLITE
CORAL
CRYSTAL
DIAMOND

EMERALD
JACINTH
JASPER
LIGURE
ONYX
RUBY
SAPPHIRE
SARDIUS
SARDONYX
TOPAZ

PRECIOUS STONES

```
E P I H P P A S T Z N Z C N E
Q Y A A N C E O U S O O J E L
W E S C C A P Y I A R E A L C
E M K E D A M B P A R A C A N
R E T E Z I O E L T V G I T U
U R U X L N A I T Q Q A N S B
G A T E Y D M M T H E T T Y R
I L N X B Q Q X O X Y E H R A
L D I B A D A M A N T S N C C
X Y N O D R A S U W D G T R J
L T Q H N E T I L O S Y R H C
H B E R Y L R E P S A J A H D
R G S S U I D R A S T V J B V
Y N O D E C L A H C D X G H C
H L R A J W Y R U B Y G B D G
```

WORD LIST

AIPH	KADESH
ARABIAN	KEDEMOTH
BEERSHEBA	MAON
DAMASCUS	PARAN
EDOM	SHUR
ENGEDI	SIN
GIBEON	SINAI
JERUEL	ZIN
JUDEA	ZIPH

DESERT WANDERINGS

```
L E U R E J I E Q N O B K H K
F T S I N O D S Q S X E J P U
T A X F Z O S S U U N E K I D
T F R O M P U C Y A L R E A K
S G P A I B S N R W P S G N E
J N I G B A H A X W D H P I D
M U O B M I P R N E H E Y S E
X O D A E L A I U Y X B V V M
H P D E M O Z N Y H P A F H O
Q P F S A G N P H N S S P W T
H S E D A K S U T I P I M X H
O D R C I D E G N E Z V D L N
```

WORD LIST

ADULTERY	KILL
BLESSED	LIKENESS
COVET	LOVE
FALSE	MOTHER
FATHER	NAME
GOD	NEIGHBOR
GODS	REMEMBER
GRAVEN	SABBATH
HALLOWED	SHALT
HOLY	STEAL
HONOR	VAIN
IMAGE	WITNESS
JEALOUS	

THE TEN COMMANDMENTS

```
N S T L L I K U W Q C Q I T W D P W O B
E K Q F S Z P I L Y X D H C D H I Q N O
K L K F T O T S R Q X O J E S A G W R U
T X F Z S N S E U K L D S T S L R F O O
P U Y L E E T S P Y E S I H E L A B B N
W P G S G L H X W V E D T P N O V M H E
H Y S X U O L Y O L X A V E E W E V G H
P Y P D F Q F L B S B P G F K E N S I G
C P A H N A S S U B W A O R I D S U E T
O I P M L X T O A O M D D E L R C V N D
V L N S O E L S F I R V W M W I N I C U
E O E D A A R E H T A F H E T G I Z C M
T M H L E X X N K H W Q I M H O N O R T
Z X X J I T O N C S V Y N B S N I A V O
V B A B L G D B I M T J G E T E T L G N
H C N A Z D C C X U J E M R K J O V C Q
Y G H D R R E H T O M A P L M D R W L W
D S S H K R D L A R N T S D O G T X X Q
```

WORD LIST

AGAG	HADAD
AHAB	HEZEKIAH
AHASUERUS	HIRAM
BALAK	NEBUCHADNEZZAR
BENHADAD	OG
CAESARAUGUSTUS	PHARAOH
DARIUS	SAUL
DAVID	SENNACHERIB

RULERS

```
H H F P Z H E Z E K I A H C G
B P X T D D N Q X R D U Q A E
K I I E A M E V C W A Q Z E E
I H R R B W B D M H D A O S O
B Y I E S A U A S J A Z G A L
I U H A H F C D Y K H S P R Z
S X U W J C H A M C N U N A X
M L M N Q H A H K X E R J U Z
B A P H V V D N V D B E P G Y
A S H A T B N I N J X U C U M
H E A H A P E E V E M S Y S H
A L R L I R Z A K A S A Z T F
G P A C C R Z Y G T D H B U C
O K O B S Q A U F A J A V S A
H X H B X D R M E X G P S Q B
```

WORD LIST

AQUILA
ATHENS
BAPTIZED
BELIEVED
BLASPHEMED
BLOOD
CHIEF
CLAUDIUS
CONTINUED
CORINTHIANS
CRAFT
CRISPUS
DEPART
DEPARTED
GENTILE
GREEKS
HEADS
HEARING
HOUSE
HURT
ITALY
JEWS
MACEDONIA
MONTHS

OCCUPATION
OPPOSED
PAUL
PEACE
PEOPLE
PONTUS
PRESSED
PRISCILLA
REASONED
ROME
RULER
SHOOK
SILAS
SPEAK
SPIRIT
SYNAGOGUE
TEACHING
TENTMAKERS
TESTIFIED
TIMOTHY
TITUS
VISION
WORD
WORKED

THE CHURCH AT CORINTH

```
U T C E D H T I M O T H Y W N A Z R S S
E O R R S I E A S S E B T D O C T U R P
L C O A R U C A U C A V B D I O T L E E
I W H I P E O T D P I E E K T R E E K A
T H P I D E I H T S D U Z O A I S R A K
N S U O E T D I I E N A R O P N T I M T
E Y N R Z F Z O V I L D S H U T I T T F
G I G O T E N E T L E U G S C H F A N A
A P N M D P I N I T P O R B C I I L E R
A A I E E L O C R S P C E L O A E Y T C
L U H A E C S A I S E D E A S N D R C H
I L C B I I P R X I O E K S H S N E L E
U E A E R E C R L L P K S P T B A A A A
Q T E P D M U C E A L R M H N L T S U R
A V T P O N T U S S E O V E O O H O D I
T N E M N I A R J X S W W M M O E N I N
X T E U G O G A N Y S E C E O D N E U G
S W E J D E S O P P O Z D D D Q S D S K
```

WORD LIST

ABRAHAM	LOT
BALAAM	MANOAH
CORNELIUS	MARY
DANIEL	MOSES
DAVID	PAUL
ELIJAH	PETER
GIDEON	PHILIP
HAGAR	SHEPHERDS
JACOB	THE APOSTLES
JOHN	ZACHARIAH
JOSEPH	ZECHARIAH
JOSHUA	

PEOPLE WHO ENCOUNTERED ANGELS

```
X D E X P S S L Q B S V F V F
B H L P U Z E Y R H Q X S L K
M E A D L I S E H V E E O P L
I G G I N N O S R P L T I U S
S M I A R M M M E T E L A C H
O U D D Y A R R S S I S Z P E
L D I R E E H O A H K A O Q P
J A A L T O P C P B C K S J H
O M N E E A N D E H R H N B E
S E P H E N A G A Z A A F A R
H L W H O V R R N F G O H L D
U I T Z I J I O Z J A N I A S
A J Z D J A H U C Z H A C A M
X A P V H D P A U L Q M I M H
E H G B O C A J K N H S U H L
```

WORD LIST

ASHER	JUDAH
BENJAMIN	LEVI
DAN	NAPHTALI
GAD	REUBEN
ISSACHAR	SIMEON
JOSEPH	ZEBULUN

THE SONS OF JACOB

```
N W K C O J J M R R Y J F
L X U H O M E Z W A N K N
N S P S L S W J B H A K I
I A E R K Q V B R C P P M
Q P D E S S W G H A H W A
H K V H M C K A Y S T C J
S M E S D D D N Z S A I N
G S B A A U E G E I L B E
C R I G J B D P B K I E B
J V B M U K Q R U Z Q X I
W I Z E E E O K L O A V M
L G R Z Z O A L U R E X E
L O X O P O N W N L X A H
X Q P H B B Z R V H Y X O
W H A F K L Q L O R X T G
```

WORD LIST

BATH	MANEHS
BEKAH	MILE
CABS	MINA
CAPH	MITE
CHOINIX	MODIOS
COR	OMER
CUBIT	PALMS
EPHAH	PENCE
FATHOM	PIM
FINGER	REED
FURLONG	ROD
HIN	SATON
HOMER	SEAH
KAB	SHEKEL
KESITAH	SPAN
KOROS	TALENT
LINE	

WEIGHTS AND MEASURES

```
S V T H T A B X R N S J P O L
O I I A R P V I E O M K M D H
H S B G E S S N E T I H A O X
M H U G G E D I D A T L N R S
I E C J N D P O V S E O E E O
P K U V I N N H R E M O H C I
X E Z T F M S C A O M N S N D
K L I Y N P Y F M H M I H E O
O B R C A E A K B E K A H P M
R M E N A T L Z E L I N E F V
O I M K H B I A G N O L R U F
S L O O T D S V T H A N I M I
G E M A D C A P H N I H C T R
E R L H A T I S E K R A Y O O
P A L M S B A K S E A H V K R
```

WORD LIST

ALGUM	MULBERRY
ALMOND	MUSTARD
APPLE	MYRTLE
ASH	OAK
BAY	OLIVE
BOX	PALM
CEDAR	POMEGRANATE
CHESTNUT	SHITTAH
CYPRESS	SYCAMORE
FIG	TEIL
JUNIPER	WILLOW

A TREE GROWS NEARBY

```
R S P L G D M K Q C A K
S T N I G Y E S E F T E
W E F N R V H D F U T Z
Z I J T I I A I N A Z M
D L L L T R D T N W J U
R E O T B N S A O H S L
A U A O O E R L Z C Y B
T H X M H G L X K A C E
S B L C E I P A S A A R
U A A M W V O H P M M R
M D O Y Q I H P E U O Y
G P V I N E L M K G R L
N H S U H E L G L L E I
P R E P I N U J U A I O
R F O S S E R P Y C P R
```

WORD LIST

ABNER	KING
BELT	LIVETH
BETHLEHEMITE	LOVE
BOW	PHILISTINE
CAPTAIN	RETURNED
COVENANT	ROBE
DAVID	SAUL
DAY	SLAUGHTER
GARMENTS	SON
HEAD	SOUL
HOST	STRIPPED
HOUSE	SWORD
INQUIRE	YOUNG
JESSE	YOUTH
JONATHAN	

DAVID AND JONATHAN

```
L K M L J C A P T A I N V R W
O G K I N G J B S K V P H E V
H A M G D L O V E A K G P T E
X R E V I W N Y Q B U I M U P
R M H F V X A O N E E L L R H
G E S Z A R T U O T B U C N I
H N T I D G H T S H B O S E L
R T U H U Q A H K L V E I D I
E S E O G Y N I I E J K L H S
N H J V Y U N M N H D E N T T
B H E S I Q A A F E B R S H I
A O O A U L N L Z M R D O S N
S U J I D T H N S I U O A W E
L S R T S O H H I T D V B Y S
D E P P I R T S S E P Y T E A
```

WORD LIST

ABIDE
BORE
BRING
BULLOCKS
CONCEIVED
EARLY
ELKANAH
ESTABLISH
EXALTED
HEART
HOLY
HORN
HOUSE
LENT
LORD
MORNING
OFFER

PRAYING
RAMAH
REJOICETH
REMEMBERED
ROCK
ROSE
SACRIFICE
SAMUEL
SLEW
SON
SOUL
TARRY
VOW
WEANED
WORD
WORSHIPED

THE BIRTH OF SAMUEL

```
S E R O B L V P E E U O D M H
L D X L L T R O S L O R D O T
E O E E E A A U W Q O E O R E
W E N V Y U O R R W E M R N C
H T L I I H M F R C Y E Z I I
O S N K Y E E A I Y F M O N O
R G I L A X C F S F W B J G J
N T R L A N I N O M O E H R E
R A R L B R A A O Y R R O G R
E A T A C A B H E C S E L N K
F E M A E I T S X S H D Y I C
D S S A D H O S O H I G C R O
L H Q E H R W N E P A Y B R
W C S K C O L L U B E L U O S
Q B D E N A E W R P D X L D I
```

WORD LIST

AMAZED	KNOW
ARISE	LAW
AUTHORITY	LOWER
BED	MAN
BLASPHEMIES	MEN
BRING	MIDST
COUCH	MULTITUDE
DEPARTED	PALSY
DOWN	PHARISEES
FAITH	POWER
FEAR	PRAYED
FILLED	REASON
FORGIVEN	ROSE
GALILEE	SAW
GLORIFYING	SCRIBES
GOD	SICK
HEAL	SINS
HEARTS	SITTING
HOUSE	STRANGE
HOUSETOP	TEACHING
IMMEDIATELY	TILING
JERUSALEM	TOWN
JESUS	WALK
JUDAEA	WILDERNESS

A PARALYTIC IS HEALED

```
V S C O N I G A L I L E E Y D S U P L A
S T T P O W E R G Z E Z S E G B F H J N
W G A R S V O R L S U L B O W L Y A O O
A N P E A N A T O N A L D Y D A V R Z S
S I H J A E I R R P O Q L F S S L I W A
G H R C E D H S I X Z E T I Z P A S I E
R C U M U S U H F N T R T R H H R E L R
F A D L U O U J Y A E T N B T E I E D A
D E Z E O L C S I S I V R X I M S S E O
E T A F P W T D N N H I I M A I E D R B
Z F H R A A E I G L N O I G F E I E N S
A A O N A M R R T G A D U N R S M Y E C
M Y U S M Y U T Z U S E E S Y O I A S R
A T S I A D C N E T D M H L E N F R S I
K I E L S K C I S D M E H P L U H P G B
W N T Y T I R O H T U A P G N I L I T E
B J O H M E L A S U R E J I G Z F A K S
G M P W E G N A R T S W A L K N W O D K
```

WORD LIST

CITY
DAGON
DELILAH
DOORS
EYES
GATE
GAZA
GOUGED
HAIR
HARLOT
HEBRON
JUDGED
LED
LOCKS
LORD
LOVE

MONEY
NAZARITE
PHILISTINE
PILLARS
PRISON
SAMSON
SECRET
SEVEN
SHAVEN
SHOULDERS
SILVER
SOREK
STRENGTH
VEXED
WAIT
WEAVEST

SAMSON AND DELILAH

```
D I D H S D R O L L I Q S Y J
K F E A R V T I A W B O S R E
S P L L A S M H G U R I A H T
K R E I L A T A J E U D M D I
C I Y L L F T R K F S O S E R
O S E E I E O L E Y N O O G A
L O S D P E P O R N O R N U Z
S N O R B E H T J W G S E O A
I M T H S H A V E N A T B G N
L T S E V A E W L D D S H K V
V X B I N X S R E D L U O H S
E M O N E Y D E G D U J W S S
R D S D C T F T E R C E S W Z
E N I T S I L I H P Y E V O L
W G A Z A C W S E V E N P N G
```

WORD LIST

BAT	OSPREY
BITTERN	OSSIFRAGE
COCK	OSTRICH
CORMORANT	OWL
CRANE	PARTRIDGE
CUCKOO	PEACOCK
DOVE	PELICAN
EAGLE	PIGEON
FALCON	QUAIL
GLEDGE	RAVEN
HAWK	SPARROW
HEN	STORK
HERON	SWALLOW
KITE	SWAN
LAPWING	VULTURE

WINGS AND THINGS

```
U M E A Y L P G E N D R N L E
E D R T H E L A O B E P S J G
N B L E A E G R I E V A W C A
A B N C D L E T K V O R A U R
R N O G E H T L D U D T L C F
C C E A K E F I N L Z R L K I
K L P W R A C A T T C I O O S
L O A N L K C U A U O D W O S
A H S C O I C Q B R R G T S O
P J O T L E B O F E M E C P S
W N L E R K G S C W O W L A P
I W P Z R I R I W W R I U R R
N A V M C T C O P A A W W R E
G E T I K X A H T K N O Y O Y
O W A N E V A R K S T A I W M
```

WORD LIST

BEGINNING	IMAGE
BEHOLD	LIFE
BREATHED	LIGHT
CATTLE	LIKENESS
CREATED	MAN
CREATURE	MIST
DARKNESS	MORNING
DIVIDED	MULTIPLY
DOMINION	RULE
EARTH	SAID
EVENING	SEAS
FEMALE	SEASONS
FINISHED	SEED
FIRMAMENT	SEVENTH
FIRST DAY	SPIRIT
FOURTH	STARS
FOWL	THIRD
FRUIT	WATERS
FRUITFUL	WHALES
GOD	WOMAN
GOOD	YEARS
GRASS	YIELDING
HEAVEN	

IN THE BEGINNING

```
T G O D B R E A T H E D N A X
I F R G E S G M C R T B E Y V
U E E N S O R R A W N E V E Y
R M L I O P E A A N E G A G A
F A U D C A I T T F M I E N D
F L R L T R E R I S A N H I T
I E I E T R E L I S M N W N S
N N D I S I S A S T R I H R R
I A H Y H E P E T T I N A O I
S M Y T A T N L H U F G L M F
H O A S N K R G Y S R S E S D
E W O G R E I U E S A E S O G
D N Z A E L V E O I J A M N B
S Z D I V I D E D F R I I H E
M E L T T A C O S G N N T Q H
I L U F T I U R F I E R K J O
S S E N E K I L O V A F O W L
T E Y E A R S N E E T H I R D
```

WORD LIST

ABDON	IBZAN
BARAK	JAIR
DEBORAH	OTHNIEL
EHUD	SAMSON
ELI	SAMUEL
ELON	SHAMGAR
GIDEON	TOLA

JUDGES OF ISRAEL

```
W H A F K R S L Q L L D O R R
X T G Q I A C F C V E E T Z A
B N Z A M N K N A G I B D L G
T K J U O W M N X I N O O Q M
O L E L N S O T U D H R Q I A
L L E C Q S I T W E T A D L H
A P W O M N B E K O O H Q E S
K A R A B A F S Z N P L S X D
C I S Q N Z E O K L A B D O N
K F T O S B H Q X J W U T X F
Z S S U K I U D T F O P U Y L
E S P I B N D W P G G H X W D
```

WORD LIST

ACCORD	LANGUAGE
AMAZED	MIGHTY
CLOVEN	PENTECOST
DAY	PROSELYTES
DEVOUT	ROME
DWELLING	RUSHING
FILLED	SOUND
GALILAEANS	SPIRIT
HEARD	STRANGERS
HEAVEN	TONGUES
HOUSE	UTTERANCE
JERUSALEM	WIND
JEWS	WONDERFUL

PENTECOST

```
U S U I T Y C Q E C B U O O N B S Z
P G Q S S G H C C N L S I I E W N S
Q Q E E O O S F N A P U Q O V L A O
M D T U C X I T A I Y I N Z O A E U
Z R N G E Z N Q R Y A A N H L N A N
C O E N T U S I E A O E W O C G L D
S M C O N C T Y T I N A E U K U I E
B E P T E R T E T T V G U S X A L L
F I Q Q P T E D U M T E E E N G A B
I Q Q X X I B A M A Z E D R N E G U
L U F R E D N O W S W E J W S G R J
L L T Q G N I H S U R H N H A D A Y
E H D R G S T V J M E L A S U R E J
D B V D W I N D X G H N E V A E H C
H L M I G H T Y D R A E H R A J W Y
G B S E T Y L E S O R P D G G M N C
O E G N I L L E W D C W F O Z G D V
I D E V O U T G I A C C O R D V A K
```

WORD LIST

APOSTLES
APOSTLESHIP
BAPTISM
BRETHREN
CHOSEN
DISCIPLES
FELL
GHOST
HEARTS
HOLY
JERUSALEM
JESUS
JOHN
JOSEPH

JUDAS
JUSTUS
LOTS
MATTHIAS
MATTIAS
MINISTRY
NUMBERED
ORDAINED
PETER
PRAYED
RESURRECTION
SCRIPTURE
SURNAMED
TRANSGRESSION

MATTHIAS IS CHOSEN TO REPLACE JUDAS

```
G M Z T Y M J O S E P H F Y D U P U U O
N E R H T E R B R O I T V L B T N U F V
L N T L O T S H E W L T T E N R J H N V
D C H H X W A F T L A A R O M A E R O M
I S V X V D G H E H F U I P Z N R G A J
M D P X T D E F P Q T T X S R S U U P U
A E Y L O H Q N D P C E A T K G S I O D
T M A E M V C E I E W I Q R Z R A E S A
T A M P I H Y R R A T B W A M E L H T S
H N S A O A C R O T D B Y E T S E A L S
I R I J R S U Z A L I R H H S S M N E F
A U T P Y S T M K P Z X O W O I J U S M
S S P C E N X L M M N Q H K H O X M H J
Z A A R H V V E D P Y S A G N T B I J
X C B M E P E M Y S H L R K Z F G E P P
Y R T S I N I M C C Y S U T S U J R T B
C O S E L P I C S I D S U S E J B E S Q
U F J V A N E S O H C H X B X D E D X P
```

WORD LIST

JACOB

JAMES

JASON

JEHOIAKIM

JEHOSHAPHAT

JEHOVAH

JEHU

JEHUCAL

JEMIMA

JEREMIAH

JEROBOAM

JESUS

JETHRO

JEZEBEL

JOAB

JOANNA

JOASH

JOB

JOEL

JOHANAN

JOHN

JONAH

JONATHAN

JOSEPH

JOSIAH

JUBAL

JUDAH

JUDAS

JUDE

BIBLE NAMES THAT BEGIN WITH "J"

```
C V R T U J U B A L G L Q T K
A L A C U H E J F O W N T H L
S L E B E Z E J U I A A A B J
M A F J O S E P H H H I H O J
Q I D J U D A H T P S A H R E
S E K U L V P A A O N N J H R
L S D A J C N H J O B O R T O
J H J U I O S J J O A C D E B
E J A S J O Y O E B H X T J O
H J K I H I H B W J O A N N A
O E O E M S J E Z T K N N Y M
V M J E L E E N J K O E Y A H
A I I C H E R M H S A O J M N
H M X U W M O E A S U S E J J
J A J B O C A J J J P Q B Y Z
```

WORD LIST

AFFIRMED	KEEPERS
ANGEL	KNOCKED
ASTONISHED	LIGHT
BIND	LORD
BOUND	MAD
CAESAREA	MAID
CAME	MARK
CHAINS	MARY
CHURCH	NIGHT
CITY	OPENED
COMMANDED	PASSED
DELIVERED	PETER
DEPARTED	PRAYER
DOOR	PRAYING
EXAMINED	PRISON
FELL	RAN
FOLLOW	RHODA
GARMENT	SANDALS
GATE	SHINE
GIRD	SLEEPING
GLADNESS	SOLDIERS
HAND	STIR
HANDS	STREET
HEROD	SURETY
HOUSE	SURNAME
IRON	TOLD
JAMES	TWO
JOHN	VISION
JUDAEA	WENT

A MIRACULOUS ESCAPE

```
E M A N R U S M A U F M L R P R M H S C
D E N I M A X E G O A C A F O A A C W Q
R W H A Y S R L L I U E K O D S G R S J
O H R T T A A L D R A N D A E T Q U U T
L Y I I S D O R H D O S M M R O Q H O H
K C R E N W E O U C R D U M E N O C N G
E F A E X T D J K E N Q L A V I W K I I
E C S F E A A E I U G I N G I S T J T N
P S I P F M D D O N G O H G L H C O N F
E L N J E I L B I H S U E C E E A H O C
R A H S E O R P T I R W R O D D B N C D
S D A X S N E M R R A S O M T Y I Y D N
C N N B P E O P E G N N D M E R N T D S
A A D K L A F I T D G I G A E E D E M M
M S A S O L S N S H E A T N R Y D R A Q
E F E S U O H S O I L H N D T A L U R U
D E T R A P E D E R V C E E S R O S K R
B L D D E N I H S D I G W D W P T J T X
T L T T Q M T N E M R A G U O P E N E D
Y E T A G K K M X G N I Y A R P D R I G
```

SOLUTIONS

1. FIVE LOAVES AND TWO FISHES, P. 13

2. JESUS HEALS, P. 15

```
V K H H Z E D E K I A H G S S
Z A H A O H E J H X G D T L J
H E S S A N A M D V O A U H C
N J B X Z R M O M N H I A A J
M Y O Y M M E I H P B I H I E
K I Z T E F H H A V Z A H Z H
K A K T H S D H O Z Z E V A O
H I A A A A S G U B Z A D H I
T S R O I O M E R E O H L A A
A A J R H O A Y K O N A V K C
S B V E S Y H I K W O I M E H
Z I J J Z G A E V A M S U X I
C J S H S H P N J K A O A A N
H A I L A H T A K I Y J N O L
C M S M A R O J C L I U A O P
```

```
E N E L Y T I M C V O W T D M
A O S L L A J J W N A A C Q U
N E G O A M L C P R R E A X I
E E R P M X A T H S K T N H L
B P T E P A U C U I Y L T T L
R H P A B H S S E R O R I N Y
E E P S Q L I V E D A S O I G
D S U S S V H L U P O B C R O
I U T O O X S S I V A N H O R
C S E S O O Y P O P U P I C T
O M O E C R A Y L D P R H A N
N L L D A R T J B L E I B O K
I N I C A I C A R H T O M A S
U D U A Z L S U R P Y C P C T
M S J A I C I L I C C A U D A
E B K C A R A T A P L W W Z R
W A I T A L A G I L A S E A U
A V M C T W W S I D O N X A K
```

5. FAMOUS BATTLEFIELDS, P. 21

```
M I A R A M E Z R G N H C N A
Z D J A H A Z C A C X U G J P
E L K J A I R A M A S I O R H
V A C Q Y G D R A P B L M O E
D I R H A M R O H E W L W Z K
A S Z A P H O N O D S A H A K
Z H R D L A R N H T T X I H X
E O D D I G E M C B E T H E L
K Q U G O B S M I D I H P E R
A E G L O N U I R K E Z E B Y
H M E L A S U R E J C Q C B U
O O H A B B A R J B T Z P G Q
```

6. KEEPERS OF THE GATES, P. 23

```
E Y H I C M J E H I E L X W H M J J
J M O D E D E B O P O H B A E Y L H
Z L K F H P Q O E P A H I D L E B P
H E M Z O R G L R I A H Y W I N J A
J I Q E Q X I I E I C M N E P G E S
C Z Y C I A R N H E S A J P H F D A
C A W H B I K T R B M X P T E S U S
N A G A S I I E D I E U K K L X T C
A J B R M T B M H N E N A H I H H T
M G E I T H U A A L V K A A H A U A
E C P A I L T H K F K S X I U S N L
H U M H L N T A C U I D B H A O Y M
E X W A H E N B B A P N Z E O H W O
Z K H X H A I E S A A M N J E O K N
Y S D O H V K N Y P X H L U V G J H
```

7. SEVENS IN THE BIBLE, P. 25

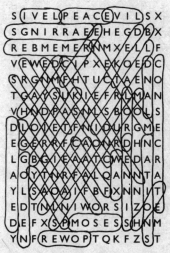

8. THE GOLDEN CALF, P. 27

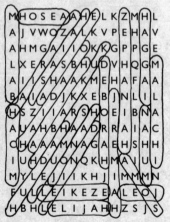

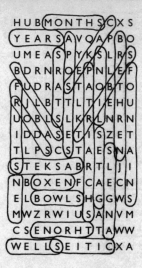

11. FAMOUS TWELVES, P. 33

12. PERSONS TOLD "FEAR NOT," P. 35

221

13. NAMES FOR
CHRIST, P. 37

```
T N V D B E L O V E D C H H S
X W A F A A M R D I A D E M U
M I L I F E S H E P H E R D O
S V X B R A N C H V Y G H H E
L F H E A D S T O N E L P Z T
G U P X T D S O N O F G O D H
Q X F R R O H T U A U Q E H G
K E T R N I E M P R I E S T I
O C H V E D A Y S P R I N G R
M N G C M D W Q Z L O R D E I
E I I H A B N O I T A V L A S
G R L B I S H O P W M H A G O
A P B Y A S J Z W L I H F O Y
R E N N U R E R O F K P Z D X
W J M A H P L A S A V I O U R
```

14. MORE
NAMES FOR
CHRIST, P. 39

```
G E Q M S O N O F M A R Y W Z
B N S A V I O R T N M I E K E
W O R D S B I E A R B F L N F
Z T H W B A A Z E H I E O A W
S S O A M C A M E L U Y I M A
O G P M H R E I F N L T E N B
N N E E E E R O A O H T O J D
O I R N D E D M H F E I G O V
F V E E T A M E U H N L G T B
P I R S E I T L P T O F H O E
E L A R L E E O E R O G X S L
A M B A R G R D Y N I D Q U O
C B M N D P O Z O L P Q G S V
E B A U B N N S H T U R T E E
O L J R E R E V I L E D S J D
```

222

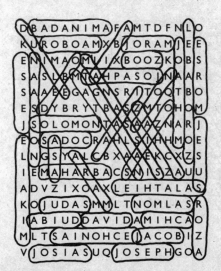

CRDPIPKNKEJVPSI
BLQRZAQOXWOZIEX
OTKOPAMRLGZOZAL
RAXPEMLCODTXOPA
OUAIWXUIAAAEXHXD
QRPHHBBMZRMLNVB
HYHCXOWOHMAUTPM
FKLOQLORAXTGHAA
QCFCVSIGMATIZBL
AHPLATEBNZKNADL
KWAGEMOMNOLISPU
XOTHETAQLNSTUQC
QITWDPWOBEEKQFS
ZPLNOLISPESTXDC
IQNOKLKATEZFATO

15. THE GREEK ALPHABET, P. 41

DBADANIMAFAMTDFNLO
KUROBOAMXBJORAMJEE
ENIMAOMLIXBOOZKOBS
SASLBMNAHPASOINAAR
SAABEGAGNSRITOQTBO
ESDYBRYTBASZMTOHOM
JSOLOMONTASAAZNARJ
EOSADOCRAXLSXHHMOE
LNGSYALCBXAAEKCXZS
IEMAHARBACSNISZAUU
ADVZIXOAXLEIHTALAS
KOJUDASMMLTNOMLASR
IABIUDDAVIDAMIHCAO
MLTSAINOHCEIACOBIZ
VJOSIASUQJOSEPHGOA

16. THE MATTHEW GENEALOGY OF CHRIST, P. 43

17. ENEMIES OF ISRAEL, P. 45

18. THE CHARACTER OF THE CHRISTIAN, P. 47

224

19. NEW THINGS, P. 49

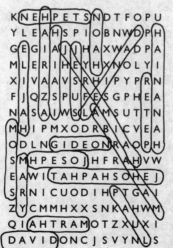

20. A FEW OF THE FAITHFUL, P. 51

21. PEOPLE MENTIONED IN GENESIS 1-10, P. 53

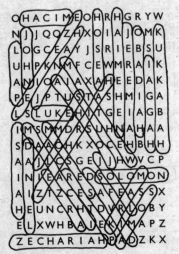

22. BIBLE WRITERS, P. 55

23. ANIMALS OF THE BIBLE, P. 57

24. PEOPLE MENTIONED IN GENESIS 11-50, P. 59

25. A VARIETY OF AILMENTS, P. 61

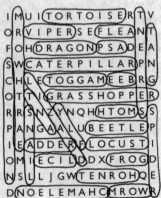

26. INSECTS AND REPTILES, P. 63

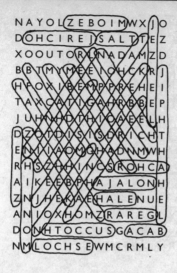

27. WALKING THROUGH THE VALLEYS, P. 65

28. FAVORITE SONS, P. 67

29. BIBLE FOODS, P. 69

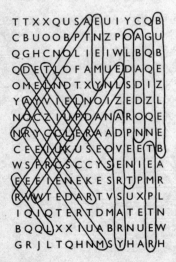

30. NAMES GIVEN TO SATAN, P. 71

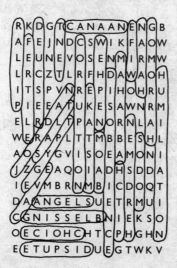

```
GWKVMCZKYCSMPEE
DIGBGABCRDPLKEJ
VHBKYQRZQXHAWIZ
EOEIKKOAMQTMLGH
ZMNTZAALROEEXEK
LAEOHXPOPLDOWE
XAYMHWXHQHAHPHM
BRBIAZEBRVDHYXA
HOEWNHEGIMELWHS
ATPSDTNISKLQLOR
XTEAHHNGQCAFCVT
ZBSTNDUZKLNADLK
WMXCWONCELHNSTU
QCOAIJTPWDEPWOB
EKTQFSHNIHSZPLS
```

31. THE HEBREW ALPHABET, P. 73

```
RKDGTCANAANENGB
AFEJNDCSWIKFAOW
LEUNEVOSENMIRMW
LRCZTLRFHDAWAOH
ITSPVNREPIHOHRU
PIEEATUKESAWNRM
ELRDLTPANORNLAI
WERAPLTTMBBESHL
AOSYGVISOEAMONI
JZGEAQOIADHSDDA
IEVMBRNMBICDOQT
DAANGELSUETRMUI
CGNISSELBNIEKSO
OECIOHCHTCPHGHN
EETUPSIDUEGTWKV
```

32. LOT'S LOT IN LIFE, P. 75

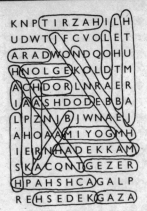

33. CANAANITE CITIES, P. 77

34. MEN OF THE NEW TESTAMENT, P. 79

35. MORE CITIES IN CANAAN, P. 81

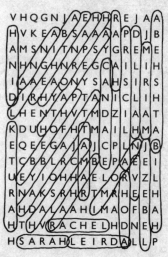

36. WOMEN OF THE BIBLE, P. 83

37. ALL ABOUT JACOB, P. 85

```
T E D V J J EGYPT H D T M O I V D O
F H X Q A G B X J E S O P R P S N I D L
H B GILEAD E Z O R I E R E U K E Z
V O B I W O P C P R T E A A S A S L R
A P D L R K U A A O H D E E S O B S I A
W S L E E H L I T N T L S E O W I A C T
E P P E C S T A E R A T U C E A B X N L
D R P H O B S R B T I A A N I R B V O A
D N M V A E L E I A B A N G A H G G C D
I A B S F R T L D B N E R H E U X M E H
N M T L O H A N E I R D A C A Z Z K R X
G S C Z E D A O I W C M A U H R C O L C
X N F A R S E K H O R L I Z T I A E C N
F I E H A A S K E U M E C O R I H N T M
C K A D A S C I R B N A D T F T P W I E
G B R R P E I H N O E C P D E L I U N L
T W E O W P U S E G V R L B A V E I L M
B J D L K K N Q A L L U L E C L M D A P
J I N Z X O D E G N A H C W O A B N A T
Z I R O S D E I R U B L K L F N Z T U N
```

38. OLD TESTAMENT NAMES THAT BEGIN WITH "B," P. 87

```
K H A D L K B W B M X O I Q L N S T U Q
C O T I T E W E D P W R O B E K O F S Z
P L S I R X R D C I H Q N R O K L K F T
O S B A X I O I B C X J W U O T X F L Z
S S U X A A A K I O I D T F O E P U E Y
B L E H Z G Z B S Z A P I B N D B W U P
U G G H L T X R U W H A P M A E H A H Y
K X Q I L Y H B X H X V N D V H E P T Y
K P B F Q P F A A B S G L B P N H N E S
I W S U T I I C P M X I O D I R C V B D
L N O F R V A U W W B I N B G C U A O
D H T G I R Z H N C M M H X X N T H K H
W Q I T E Z X A X N I O I N C S S H V Y
N S O B V B A G B G I A D B I R M T A J
G T E T L G N L H C S B N Z I Z D C C N
X U J E K J O I V E C O A B Y G D R P L
M D R W L W D B B S H O K R D L A R T T
X X Q H T I A Z R I B C B U O O B T Z P
```

234

39. MORE OLD TESTAMENT NAMES THAT BEGIN WITH "B," P. 89

40. IN THE UPPER ROOM, P. 91

41. JESUS IS BORN, P. 93

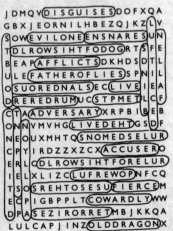

42. THOUGHTS ABOUT SATAN, P. 95

43. THE 23RD PSALM, P. 97

44. JESUS TEMPTED BY THE DEVIL, P. 99

45. SEVEN ARE CHOSEN, P. 101

46. THE CHRISTIAN WALK, P. 103

47. TITLES FOR THE CHURCH, P. 105

48. THE STORY OF GIDEON, P. 107

49. JESUS HEALS ON THE SABBATH, P. 109

50. THE CHARACTER OF GOD, P. 111

51. A STOLEN BIRTHRIGHT, P. 113

52. MISSIONS OF THE CHURCH, P. 115

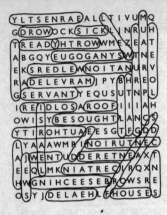

53. THE CENTURION'S SERVANT IS HEALED, P. 117

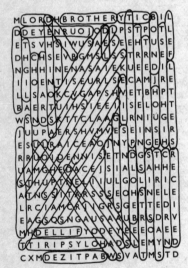

54. SAUL IS CONVERTED, P. 119

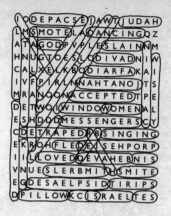

55. SAUL BECOMES JEALOUS, P. 121

56. MOUNTAINS OF THE BIBLE, P. 123

57. THE DEMON OF CAPERNAUM FEARS JESUS, P. 125

58. NEW TESTAMENT NAMES THAT BEGIN WITH "C," P. 127

59. STEPHEN SPEAKS OUT, P. 129

60. JESUS IS BURIED, P. 131

61. NEW TESTAMENT NAMES THAT BEGIN WITH "P," P. 133

62. PHILIP AND THE ETHIOPIAN, P. 135

63. SIMON THE SORCERER, P. 137

64. THE PHILISTINES CAPTURE THE ARK, P. 139

65. BIBLE NAMES THAT BEGIN WITH "A," P. 141

66. JOHN'S REVELATION, P. 143

RHQXKMETOLEVELIGNSRU
MMMEACOROSPLDKQAKSNG
FWNYEFZZGNWEEPINGJIZ
JTHTDNUMSEEZCXPVDLQI
HMOESORGYEEMKNHSAUDH
YRALLEBOGGANHPUIDIER
OEFSDRKOBROUTCNAKRPR
UHMGTTEEZSHDLHUTLOOE
RTICNEHHEVUASCEODROL
GAFQJMRETSOSSIHLTFTI
OFRBHGODDAKFECTEODSN
DRLOCDOTWIFNEVETRRUR
AUGGTOEWNHSXEEANIODO
EOASTUOKHOLCMWTWDNXR
HYRSLMREOABTIENAMAEGF
VCDKAXANIONBEPXLOOYOP
BRENYECREMLGAGLZTOBU
RCNXRRZQYDSGEROEDRWF
MJEIPGNIDNATSLPMSNCT
VRRUGLNEKATQTKSAFOWL

68. SAUL
ESCAPES
DANGER, P. 147

WDPTIAWADOWCAESAREAL
SXDCIQNAOAKLJKSFFTOS
QXJWUTMXLFZESSEUUKDN
TFBOPAULYLWSESLLPIEA
NWPRSGGHXSAWDPPFMETI
GYXCOOLYXBVVHPIIYPUC
AOUPFUSYAGSPHNCLSWPE
TSUTIPGXLEMAXOSLDRSR
EVDLNORHDFRFOIEVWIG
SINICAUTOLDHRGTGDI
ZCMLBMSHXXNOKEAHWQIC
SZXXUOIONCSVBAYINSOO
UBABPAGDBIMTJCGTDUET
SGNAHCSNZDCCXHUJNEKK
ROVCHURCHESMDERSWILT
ADEHCTAWSHKRDDELLARS
TXXQUSUTEKSABLILYCQE
BUOOBTZPGQGHNIOJCNLR

67. MARY
MAGDALENE
SEES JESUS,
P. 145

69. KING SOLOMON'S TEMPLE, P. 149

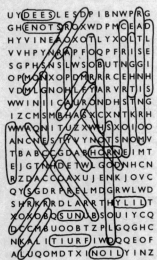

70. SYMBOLS THAT REPRESENT THE GLORIOUS CHRIST, P. 151

71. THE MINISTRY OF THE HOLY SPIRIT, P. 153

72. THE RESURRECTION REALIZED, P. 155

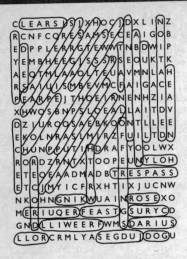

73. IMPORTANT WORDS FROM EZRA, P. 157

74. A COSTLY LIE, P. 159

XD E G A M I C A I K Q N O K L K F T O
S N O L Y B A B O I X J F W S N U T X F
Z S S U K D E T N F O I P U R E S Y Y L
E S P I B D N G W P E G G O B A H R X
W D P M N E E H Y R T P X H N U C O E L
Y X V E V S H P Y U I Y C P R C K F T Q
P F G S G U P H L H S A N S E H B W L S
U O T I P C M E S F H X H O V A U D A R
G C V D L C N R F S O F A D O D T R S V
O W W I N A O I E I C U R U G N O D P H
L T G I Z W R M C M M H P L X E X N K H
D W R Q E C A N R U F T C Z Z X X I O
E N A C H S S V Y N S O V I B Z A B G D
N B G S I E M T J F U R Y M G A T E T L
G N E H G C N Z D C C X U E J R E K J O
V C O D Y G D R P L M D R R W L W D S H
K R U D S E C N I R P L A R T T X X Q U
S J U I Y C Q C B U O O A R U D B T Z P

75. DANIEL AND FRIENDS, P. 161

W H A F K L Q L O R X T G Q C F C V
T Z B H N Z K N A D L K W M L X O M
Q L N S A T U Q D C Q I M T A W D I
P W O B E D K Q F U S Z I P P L S D
X D C I Q N A O K L L H K P F T U
O S Q X N J W A U H T O S X I F Z L
S S U M A D T F L C O T U P D U Y L
E S P I D B N W P E G A T G O H T X
L W L D A P M E H M H N E Y T X O O
L E Y A L X V V H A P Y L L H P L F
Q P V F I S D G P L E C A H A H N L
S W S J U S T A I P M L X O D H A R
C V D L N O H F H R V J W W I B M N
I C I U O D H T G A H I Z C A M M J
H X X N N K H W O K L I T N Z X X I
O N C S B V Y N I S O V B A B G D B
I M T J G T L L E A L E T L G N H
A N A B E L L C N Z D C C X U J E K

76. OLD TESTAMENT NAMES THAT BEGIN WITH "L," P. 163

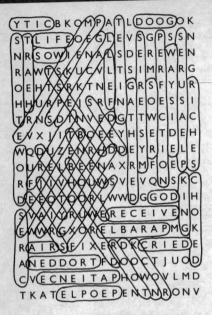

77. THE SOWER AND THE SOIL, P. 165

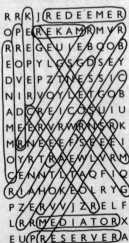

78. OUR TRIUNE GOD, P. 167

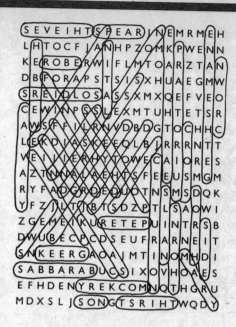

81. BIBLE OCCUPATIONS, P. 173

```
W T T N V S E R V A N T D C C
H H X W A F A A H M R M I O S
T V X V G H H E C H F P Z L G
S N P D X P R T A N E D H L Q
E X A R R D R N E V V I T U E C
I Q E M S E D O A V I K S C A
R K T M R M H N P M A C I T R
P E A E A E G P S H R L E O P
R N R I N E H R E I E M S R E
N E D A L T E S B H V T C W N
E O T I E P M E I Z S N E I T
E H S N P B B A W F M A H A E
U T O O U B P Y K A S H J Z R
Q L C I H H F U Y E K C P Z X
W J M C N X M M C N R R Q H K
N O I R U T N E C X J E Z A H
V N A I C I S Y H P V M V D P
Y S A T N A I C I S U M J X C
```

82. PRECIOUS STONES, P. 175

```
E P I H P P A S T Z N Z C N E
Q Y A A N C E O U S O O J E L
W E S C C A P Y I A R E A L C
E M K E D A M B P A R A C A N
R E T E Z I O E L T V G I T U
U R U X L N A I T Q Q A N S B
G A T E Y D M M T H E T T Y R
I L N X B Q Q X O X Y E H R A
L D I B A D A M A N T S N C C
X Y N O D R A S U W D G T R J
L T Q H N E T I L O S Y R H C
H B E R Y L R E P S A J A H D
R G S S U I D R A S T V J B V
Y N O D E C L A H C D X G H C
H L R A J W Y R U B Y G B D G
```

```
L E U R E J I E Q N O B K H K
F T S I N O D S O S X E J P U
T A X F Z O S U U N E K I D
T F R O M P U C Y A L R E A K
S G P A I B S N R W P S G N E
I N I G B A H A X W D H P I D
M U O B M I P R N E H E Y S E
X O D A E L A I U Y X B V V M
H P D E M O N Y H P A F H O
Q P F S A G N P H N S S P M T
H S E D A K S U T I P I M X H
O D R C I D E G N E Z V D L N
```

83. DESERT WANDERINGS, P. 177

```
N S T L L I K U W Q C Q I T W D P W O B
E K Q F S Z P I L Y X D H C D H I Q N O
K L K F T O T S R Q X O I E S A G W R U
T X F Z S N S E U K L D S T S L R F O O
P U Y L E E T S P Y E S I H E L A B B N
W P G S G L H X W V E D T P N O V M H E
H Y S X U O L Y O L X A V E E W E V G H
P Y P D F O F L B S B P G F K E N S I G
C P A H N A S S U B W A O R I D S U E T
O I P M L X T O A O M D D E L R C V N D
V L N S O E L S F I R V W M W I N I C U
E O E D A A R E H T A F H E T G I Z C M
T M H L E X X N K H W Q I M H O N O R T
Z X X J I T O N C S V Y N B S N I A V O
V B A B L G D B I M T J G E T E T L G N
H C N A Z D C G X U J E M R K J O V C Q
Y G H D R R E H T O M A P L M D R W L W
D S S H K R D L A R N T S D O G T X X Q
```

84. THE TEN COMMANDMENTS, P. 179

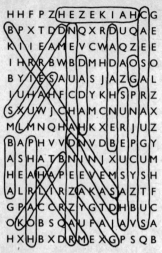

85. RULERS,
P. 181

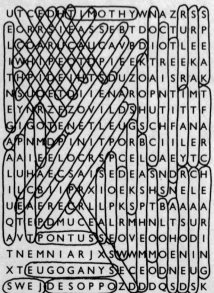

86. THE
CHURCH AT
CORINTH,
P. 183

```
X D E X P S S L Q B S V F V F
B H L P U Z E Y R H Q X S L K
M E A D L I S E H V E E O P L
I G G I N N O S R P L T I U S
S M I A R M M M E T E L A C H
O U D D Y A R R S S I S Z P E
L D I R E E H O A H K A O Q P
J A A L T O P C P B C K S J H
O M D E E A N D E H R H N B E
S E P H E N A G A Z A A F A R
H L W H O V R R N F G O H L D
U I T Z I J I O Z J A N I A S
A J Z D J A H U C Z H A C A M
X A P V H D P A U L Q M I M H
E H G B O C A J K N H S U H L
```

87. PEOPLE WHO HAVE ENCOUNTERED ANGELS, P. 185

```
N W K C O J J M R R Y J F
L X U H O M E Z W A N K N
N S P S L S W J B H A K I
I A E R K Q V B R C P P M
O P D E S S W G H A H W A
H K V H M C K A Y S T C J
S M E S D D D N Z S A I N
G S B A A U E G E I L B E
C R I G J B D P B K I E B
J V B M U K Q R U Z Q X I
W I Z E E F O K L O A V M
L G R Z Z O A L U R E X E
L O X O P O N W N L X A H
X Q P H B B Z R V H Y X O
W H A F K L Q L O R X T G
```

88. THE SONS OF JACOB, P. 187

259

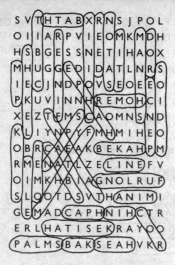

89. WEIGHTS AND MEASURES, P. 189

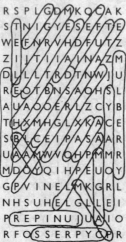

90. A TREE GROWS NEARBY, P. 191

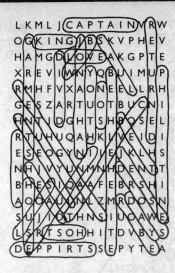

91. DAVID AND JONATHAN,
P. 193

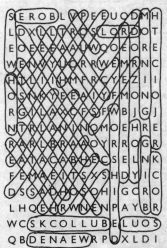

92. THE BIRTH
OF SAMUEL,
P. 195

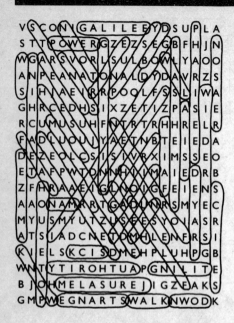

93. A PARA-
LYTIC IS
HEALED, P. 197

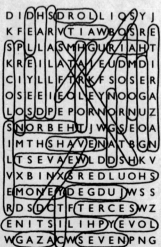

94. SAMSON
AND DELILAH,
P. 199

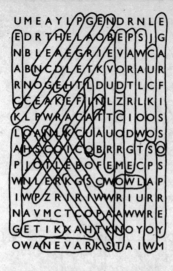

95. WINGS
AND THINGS,
P. 201

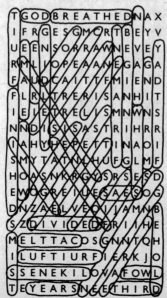

96. IN THE
BEGINNING,
P. 203

97. JUDGES OF ISRAEL, P. 205

```
W H A F K R S L Q L L D O R R
X T G O I A C F C V E E T Z A
B N Z A M N K N A G I B D L G
T K I U O W M N X I N O O Q M
O L E L N S O T U D H R Q I A
L L E C O S I T W E T A D L H
A P W O M N B E K O O H Q E S
K A R A B A F S Z N P L S X D
C I S Q N Z E O K L A B D O N
K F T O S B H Q X J W U T X F
Z S S U K U U D T F O P U Y L
E S P I B N D W P G G H X W D
```

98. PENTECOST, P. 207

```
U S U I T Y C Q E C B U O O N B S Z
P G Q S S G H C C N L S I I E W N S
Q Q E E O O S F N A P U Q O V L A O
M D T U C X I T A L Y I N Z O A E U
Z R N G E Z N O R Y A A N H L N A N
C O E N T U S I E A O E W O C G L D
S M C O N C T Y T I N A E U K U I E
B E P T E R T E T T V G U S X A L L
F I Q Q P T E D U M T E E E N G A B
I Q Q X X I B A M A Z E D R N E G U
L U F R E D N O W S W E J M S G R J
L L T Q G N I H S U R H N H A D A Y
E H D R G S T V J M E L A S U R E J
D B V D W I N D X G H N E V A E H C
H L M I G H T Y D R A E H R A J W Y
G B S E T Y L E S O R P D G G M N C
O E G N I L L E W D C W F O Z G D V
I D E V O U T G I A C C O R D V A K
```

264

99. MATTHIAS IS CHOSEN TO REPLACE JUDAS, P. 209

```
G M Z T Y M J O S E P H F Y D U P U U O
N E R H T E R B R O I T V L B T N U F V
L N T L O T S H E W L T T E N R J H N V
D C H H X W A F T L A A R O M A E R O M
I S V X V D G H E H F U I P Z N R G A J
M D P X T D E F P O T X S R S U U P U
A E Y L O H O N D P C E A T K G S I O D
T M A E M V C E E W I Q R Z R A E S A
T A M P I H Y R R A T B W A M E L H T S
H N S A O A C R O T D B Y E T S E A L S
I R I J R S U Z A L I R H H S S M N E F
A U T P Y S T M K P Z X O W O I J U S M
S S P C E N X L M M N Q H K H O X M H J
Z A A R H V V V E D P Y S A G N T B I J
X C B M E P E M Y S H L R K Z F G E P P
Y R T S I N I M C C Y S U T S U J R T B
C O S E L P I C S I D S U S E J B E S Q
U F J V A N E S O H C H X B X D E D X P
```

100. BIBLE NAMES THAT BEGIN WITH "J," P. 211

```
C V R T U J U B A L G L Q T K
A L A C U H E J F O W N T H L
S L E B E Z E J U I A A A B J
M A F J O S E P H H H I H O J
Q I D J U D A H T P S A H R E
S E K U L V P A A O N N J H R
L S D A J C N H O B O R T O
J H U J O S J J O A C D E B
E J A S L O Y O E B H X T J O
H J K I H I H B W J O A N N A
O E O E M S E Z T K N N Y M
V M J E E E M J K O E Y A H
A I I C H E R M H S A O J M N
H M X U W M O E A S U S E J J
J A J B O C A J J J P Q B Y Z
```

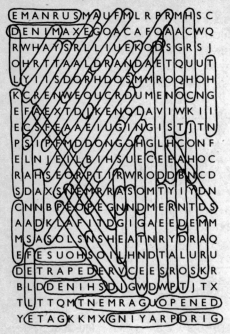

Other Living Books® Best-Sellers

ANSWERS by Josh McDowell and Don Stewart. In a question-and-answer format, the authors tackle sixty-five of the most-asked questions about the Bible, God, Jesus Christ, miracles, other religions, and creation. 07-0021-X $4.95.

THE BEST CHRISTMAS PAGEANT EVER by Barbara Robinson. A delightfully wild and funny story about what happens to a Christmas program when the "Horrible Herdman" brothers and sisters are miscast in the roles of the biblical Christmas story characters. 07-0137-2 $3.95.

BUILDING YOUR SELF-IMAGE by Josh McDowell. Here are practical answers to help you overcome your fears, anxieties, and lack of self-confidence. Learn how God's higher image of who you are can take root in your heart and mind. 07-1395-8 $4.95.

THE CHILD WITHIN by Mari Hanes. The author shares insights she gained from God's Word during her own pregnancy. She identifies areas of stress, offers concrete data about the birth process, and points to God's sure promises that he will "gently lead those that are with young." 07-0219-0 $3.95.

COME BEFORE WINTER AND SHARE MY HOPE by Charles R. Swindoll. A collection of brief vignettes offering hope and the assurance that adversity and despair are temporary setbacks we can overcome! 07-0477-0 $6.95.

DARE TO DISCIPLINE by James Dobson. A straightforward, plainly written discussion about building and maintaining parent/child relationships based upon love, respect, authority, and ultimate loyalty to God. 07-0522-X $4.95.

DR. DOBSON ANSWERS YOUR QUESTIONS by James Dobson. In this convenient reference book, renowned author Dr. James Dobson addresses heartfelt concerns on many topics including marital relationships, infant care, child discipline, home management, and others. 07-0580-7 $5.95.

JOHN, SON OF THUNDER by Ellen Gunderson Traylor. In this saga of adventure, romance, and discovery, travel with John—the disciple whom Jesus loved—down desert paths, through the courts of the Holy City, to the foot of the cross, as he leaves his luxury as a privileged son of Israel for the bitter hardship of his exile on Patmos. 07-1903-4 $5.95.

Other Living Books® Best-Sellers

LIFE IS TREMENDOUS! by Charlie "Tremendous" Jones. Believing that enthusiasm makes the difference, Jones shows how anyone can be happy, involved, relevant, productive, healthy, and secure in the midst of a high-pressure, commercialized society. 07-2184-5 $3.95.

LORD, COULD YOU HURRY A LITTLE? by Ruth Harms Calkin. These prayer-poems from the heart of a godly woman trace the inner workings of the heart, following the rhythms of the day and seasons of the year with expectation and love. 07-3816-0 $3.95.

LORD, I KEEP RUNNING BACK TO YOU by Ruth Harms Calkin. In prayer-poems tinged with wonder, joy, humanness, and questioning, the author speaks for all of us who are groping and learning together what it means to be God's child. 07-3819-5 $3.95.

MORE THAN A CARPENTER by Josh McDowell. A hard-hitting book for people who are skeptical about Jesus' deity, his resurrection, and his claim on their lives. 07-4552-3 $3.95.

MOUNTAINS OF SPICES by Hannah Hurnard. Here is an allegory comparing the nine spices mentioned in the Song of Solomon to the nine fruits of the Spirit. A story of the glory of surrender by the author of *Hinds' Feet on High Places*. 07-4611-2 $4.95.

NOW IS YOUR TIME TO WIN by Dave Dean. In this true-life story, Dean shares how he locked into seven principles that enabled him to bounce back from failure to success. Read about successful men and women—from sports and entertainment celebrities to the ordinary people next door—and discover how you too can bounce back from failure to success! 07-4727-5 $3.95.

RAINBOW COTTAGE by Grace Livingston Hill. Safe at last, Sheila tries to forget the horrors of the past, unaware that terror is about to close in on her again. 07-5731-0 $4.95

THE SECRET OF LOVING by Josh McDowell. McDowell explores the values and qualities that will help both the single and married reader to be the right person for someone else. 07-5845-5 $4.95